D1919495

ADAC

Florida

von Ralf Johnen

10 **ADAC Top Tipps**

Das müssen Sie gesehen haben! Die zehn Top Tipps bringen Sie zu den absoluten Highlights.

25 **ADAC Empfehlungen**

Unterwegs gut beraten: Diese 25 ausgesuchten Empfehlungen machen Ihren Urlaub perfekt.

Preise für ein DZ mit Frühstück:
€ | bis 100 $
€€ | bis 150 $
€€€ | ab 150 $

Preise für ein Hauptgericht:
€ | bis 15 $
€€ | bis 25 $
€€€ | ab 25 $

Seite 40

Seite 23

Seite 39

Im Blickpunkt

Seite 25

Unterwegs

Seite 94

Zu diesen Orten und Sehenswürdigkeiten finden Sie Detailkarten im Innenteil des Reiseführers.

Service

Umschlag:

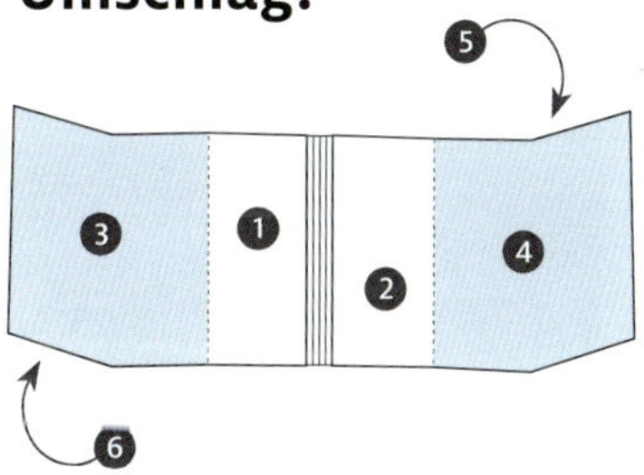

ADAC Top Tipps: Vordere Umschlagklappe, innen 1

ADAC Empfehlungen: Hintere Umschlagklappe, innen 2

Übersichtskarte Florida: Vordere Umschlagklappe, innen 3
Übersichtskarte Florida Süd: Hintere Umschlagklappe, innen 4
Stadtplan Miami: Hintere Umschlagklappe, außen 5
Ein Tag in Miami/Miami Beach: Vordere Umschlagklappe, außen 6

Florida ist so viel mehr als nur ein Badeparadies

Unbändige Energie und der permanente Wille zum Wandel definieren den Sunshine State nicht weniger als der Strand und das Meer

Trendiges Ausgehviertel und weiter Sandstrand: South Beach in Miami Beach

Eine nicht enden wollende Küste mit feinem Sandstrand. Subtropisches Klima mit tropischen Einflüssen. Das ganzjährig warme Meer, das unzählige Inseln umspült. Viel Sonnenschein mit noch mehr Palmen. Dazu mit Miami eine dynamische Metropole, die gerade erst 100 Jahre alt geworden ist und lebendiger nicht sein könnte. All das macht Florida zu einem perfekten Ferienziel. Doch der Sunshine State ist heute so viel mehr, als die diversen Urlaubskataloge abbilden können. Von Pensacola an der Grenze zu Alabama bis an das Ende des Highway Number One in Key West beträgt die Entfernung mit dem Auto fast 1300 km – deutlich mehr als von Flensburg nach Berchtesgaden. Zwischen diesen so unterschiedlichen Orten breitet sich ein überraschend vielfältiger Kosmos aus.

Laissez-faire der Karibik

Die Florida Keys etwa sind der vielleicht unamerikanischste Flecken überhaupt: Hier dominiert das Laissez-faire der Karibik. Die Bewohner sind ebenso bunt wie die Häuser. Und doch basiert ihre Lebensgrundlage auf dem uramerikanischen Gedanken »anything is possible«. Nur grenzenlose Optimisten konnten schließlich auf den Gedanken kommen, 40 mehr oder weniger große Inseln über eine 182 km lange Straße und unzählige Brücken mit dem Festland zu verbinden. Das Ergebnis ist mit dem Overseas Highway eine der Traumstraßen unseres Planeten. Begonnen hatte alles mit Henry Flagler, der die Keys mit einer Eisenbahnstrecke verbinden wollte. Sie fiel 1935 einem Hurrikan zum Opfer.

Metropole zwischen Nord- und Lateinamerika

Etwas weiter nördlich, da, wo das Festland Südfloridas endet, wartet mit Miami eine der spannendsten Städte des Kontinents. Als Mittelpunkt eines Großraums mit fast 6 Mio. Einwohnern beansprucht Miami heute den Ehrentitel einer Metropole, die sich zu einer Art Schaltstelle zwischen Nord- und Lateinamerika aufgeschwungen hat. Das merken Besucher nicht nur in Little Havana, wo die karibische Lebensfreude am ehesten erwartet wird, sondern auch in jedem anderen Viertel, wo Spanisch heute wie selbstver-

Kanuabenteuer auf Sanibel Island (unten), Ocean Drive, South Beach (ganz unten)

Schwimmen mit Manatis im Crystal River (oben) – Einwandererviertel Little Havana, Miami (Mitte) – Der Traum vom Weltraum am Cape Canaveral (unten)

ständlich zu einer zweiten Landessprache avanciert ist. Innerhalb von nur 100 Jahren hat sich Miami von einem unbedeutenden Dorf zu einem schillernden Traumziel aufgeschwungen – halb Nordamerika würde hier am liebsten seine Winter verbringen. Neuerdings vermag die Stadt dabei auch Akzente zu setzen, die ihr lange Zeit schmerzlich gefehlt haben: Spätestens seit die renommierte Kunstmesse Art Basel in Südostflorida eine Dependance ins Leben gerufen hat, spielt Miami auch kulturell in der obersten Liga mit. Durch die neue Klientel, die sich für mehr als Sonne, Palmen und Bademode interessiert, sind auch in anderer Hinsicht die Ansprüche gewachsen: So ist Miami heute ein Hotspot für »foodies« und »fashion people« aus aller Welt.

Themenparks und mehr

Doch nicht nur die glamouröse Metropole ist erwachsen geworden: Auch viele andere Regionen haben enorm aufgeholt. St. Petersburg, Sarasota, Fort Lauderdale und Tampa sind vielseitige Städte, die auch kulturell und kulinarisch einiges zu bieten haben. Orlando hingegen ist und bleibt ein Sonderfall. Die selbst erklärte Welthauptstadt des Vergnügens (»fun capital of the world«) ist Standort einer beispiellosen Vielzahl von Themenparks, in denen der Spaß auf mitunter rätselhafte Weise institutionalisiert ist. Disney World, Epcot oder die Hollywood Studios sind die vielleicht amerikanischste Methode zur Freizeitgestaltung. Seit dem immens erfolgreichen Nachbau der Lebenswelt Harry Potters in den Universal Studios setzten auch andere Institutionen markante Akzente und bekommen etwas von dem Kuchen ab. Gleichwohl bleiben Disney World und Konsorten ein äußerst kostspieliger Spaß.

Unberührte Natur in den State Parks

Gut also, dass Florida Alternativen besitzt, die wenig bis nichts kosten. Die vielleicht am wenigsten bekannte Attraktion sind die 164 State Parks, die anders als die mittlerweile völlig überlaufenen Everglades vom Bundesstaat unterhalten werden. Hier zeigt sich der Sunshine State vielerorts noch so, wie er in den langen Jahrhunderten gewesen sein muss, bevor der Eisenbahnmagnat Henry Flagler und andere Pioniere die Entwicklung Floridas zu einem Touristenziel vorangetrieben haben. Zu den geschützten Gebieten zählen unberührte Strände mit sanften Dünen, glasklare Quellen und Seen, Marschland, Trockensteppen, kleine Inseln und Wälder. Meistens befinden sich Wanderwege und Zeltplätze in den Parks, oft haben Besucher zudem Gelegenheit, das Areal in Form

Fahrradtour vor pastellfarbener Kulisse: Key West

von Bootstouren zu erkunden. Innerhalb des fragilen Ökosystems der Parkgrenzen findet man gutmütig dreinblickende Manatis, archaische Alligatoren und akrobatische Schlangenhalsvögel, die hier ein weitgehend ungestörtes Leben führen.

> »*Durch ihre spektakuläre Natur unterscheiden sich die Everglades von allen anderen Orten des Landes.*«
>
> Harry S. Truman (1884–1972), 33. Präsident der USA

Weiße Strände und mächtige Villen

Auch die außerhalb der Parks gelegenen Strände bieten freilich nach wie vor genug Platz für die wachsende Zahl der Urlauber. An der Westküste zwischen Naples und Clearwater sind diese oft besonders fein und strahlend weiß, wobei sich der Golf von Mexiko nur selten in aufgewühltem Zustand präsentiert. Geringfügig rauer ist die Atlantikküste, doch auch hier erinnert die Brandung nur selten an einen Ozean. Ein Geheimtipp ist immer noch der Panhandle im Norden Floridas. »The further north you get, the more southern you feel«, sagen die Amerikaner. Damit meinen sie, dass der oftmals übersehene Nordwesten des Bundesstaates die besondere Aura der Südstaaten besitzt: Hier stehen mächtige Villen, die von Veranden gesäumt sind. Von den Eichen hängt Spanisches Moos herunter. Und die Uhren gehen etwas langsamer als andernorts.

Auf den 10 000 Islands wächst ein grüner Teppich aus Mangrovenwäldern

Antizyklischer Road Trip

Diese Vielfalt ermöglicht die Planung eines wunderbaren Road Trips. Dabei lohnt es sich, den üblichen Touristenströmen durch antizyklisches Reisen aus dem Weg zu gehen: Der Panhandle etwa kann auch im Winter eine herrliche Region sein. Kühle Nächte und windstille Tage mit Temperaturen um die 20 Grad sind für Zentraleuropäer schließlich keine Strafe. Südflorida hingegen ist von Mitte Dezember bis Mitte April ziemlich überlaufen. Im Hochsommer hingegen ist schwüle Hitze ein authentischer Bestandteil Floridas. Der Hauptsaison auszuweichen schont auch die Reisekasse. Denn anders als noch vor zehn oder 20 Jahren ist Florida heute kein günstiges Reiseziel mehr. Ein kleiner Makel für ein ansonsten perfektes Urlaubsziel.

Hauptstadt Tallahassee

Sprachen Englisch, vor allem im Großraum Miami ist Spanisch ebenso präsent.

Währung US-Dollar

Staatsform Die USA sind eine föderale Republik mit 50 Bundesstaaten.

Fläche 170 304 km²

Einwohner ca. 21 Mio.

Religion 46 % verschiedene protestantische Kirchen, 21 % Katholiken, 3 % jüdischen Glaubens, 30 % andere Glaubensrichtungen und Atheisten

Tourismus Jährlich werden etwa 90 Mio. Touristen gezählt, davon um die 400 000 Deutsche.

Berühmte Menschen aus Florida
Tom Petty (Musiker), Deborah Harry (Musikerin), Sidney Poitier (Schauspieler und Regisseur)

Wichtige Vokabel »Fun«. Alles muss Spaß machen im Sunshine State – vom Aufstehen bis zum Sonnenuntergang.

Darin ist Florida Weltmeister
Cape Canaveral ist seit 1947 die offizielle Abschussrampe für die bemannte Raumfahrt der USA. Neil Armstrongs Reise, die ihn am 21. Juli 1969 als ersten Menschen auf den Mond führen sollte, begann hier.

Magazin

Im Morgenlicht barfuß an den Strand gehen und einen Blick auf die Palmen werfen. Anschließend in das noch kühle Wasser eintauchen und ganz allein eine Runde schwimmen. Dieser karibische Traum wird am Smathers Beach auf Key West Wirklichkeit. Ganz selten steht der künstlich angelegte Strand auch im Mittelpunkt des medialen Interesses. Dafür aber müssen Langstreckenschwimmer aus Kuba hier an Land gehen.

Stromlinienförmig, farbenfroh und hochgradig individuell sind die Häuser in Miami Beach. Mit der amerikanischen Version des Art déco haben die örtlichen Architekten dem Lebensgefühl Südfloridas schon früh ein Gesicht gegeben. Die eleganten Bauten genießen heute den Status von Ikonen, in denen sich sowohl die Einheimischen als auch die Touristen sichtbar wohlfühlen.

MARLIN
1200

Die flächenmäßig größte Stadt der USA. Dieser Ehrentitel scheint nur wenige Touristen zu beeindrucken, denn Jacksonville steht bei den meisten Florida-Besuchern nicht ganz oben auf der Liste der bevorzugten Reiseziele. Zu Unrecht, denn die am St. Johns River gelegene Stadt besitzt neben ihrer Skyline auch Viertel mit Südstaatencharme – und einen weitläufigen Strand.

Beste Reisezeit Florida

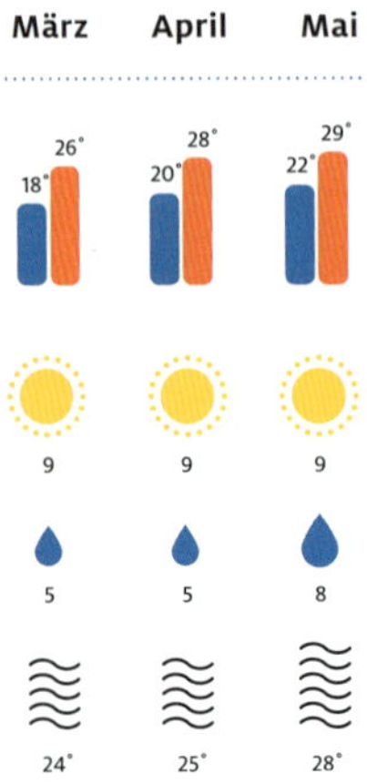

Die Bedeutung der Symbole:

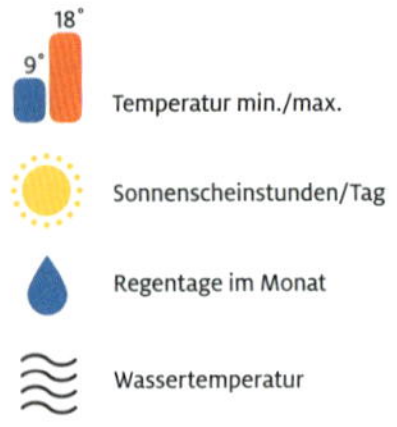

FRÜHLING

Blühende Landschaften und ein zurückgehendes Interesse der Amerikaner.

Nach Ostern heizt sich der amerikanische Kontinent langsam auf und das allgemeine Interesse an Südflorida nimmt spürbar ab. Mit Temperaturen zwischen 25 und 30 Grad allerdings lässt es sich im Süden des Sunshine State vorzüglich aushalten. Insgesamt ist es deutlich weniger voll – und das Preisgefüge scheint wieder einigermaßen zurechtgerückt: Während selbst die Luxushotels in South Beach bei rechtzeitiger Buchung einigermaßen erschwinglich sind, berechnen die Hotels in der zweiten und dritten Reihe regelrecht normale Preise. Weite Teile Floridas stehen im April und Mai in voller Blüte: Auf den Keys konkurrieren eingeführte tropische Gewächse wie Flammenbäume und Jacarandas um die Aufmerksamkeit, weiter nördlich geben Hibiskus, Magnolie, Jasmin, Rosen und der Rhododendron ihr Bestes. In der Nordhälfte ist die Lage genau anders herum: Nachdem der Süden über die Jahre zu teuer geworden ist, fallen sonnenhungrige Studenten aus allen Teilen der USA und Kanadas nun vorzugsweise an den Stränden von Daytona Beach und Panama City Beach ein, um hier ihren »spring break« zu feiern. Die Festivitäten haben indes wenig Akademisches. Viel mehr scheinen die Studenten damit beschäftigt, ihren Bierdurst zu löschen und unter lautem Gejohle moralisch-intellektuell

Frühling in Orlando: Im Winterpark blühen die ersten Magnolienbäume

Erfrischend: Der Bayfront Park in Downtown Miami liegt direkt am Wasser

fragwürdigen Tanzeinlagen knapp bekleideter Kommilitoninnen beizuwohnen, die als »wet t-shirt contest« in den allgemeinen Sprachgebrauch übergegangen sind. Die Mehrzahl der Touristen darf dies in der Summe als Reisewarnung begreifen.

SOMMER

Träge Hitze und ein Florida, wie es authentischer heute kaum noch wird.

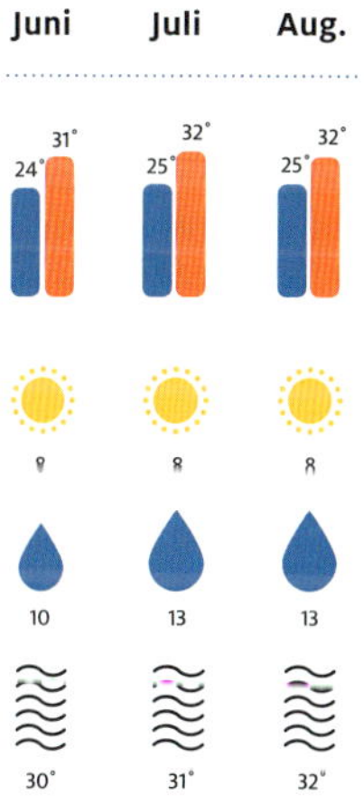

Ebenso verlässlich, wie der Winter für Trubel sorgt, geht es im Sommer in Südflorida vergleichsweise beschaulich zu. Schließlich lockt Nordamerika mit unendlichen Weiten, Nationalparks, Gebirgen und unzähligen Gewässern. Warum sich also bei 35 Grad und 98 % Luftfeuchtigkeit in der schwülen Hitze herumtreiben? Nun, ein gutes Argument wäre, dass sich der Süden von Juni bis September von seiner authentischsten Seite zeigt. Miamis hitziges Großstadtleben ist gleich mehrere Nuancen träger – und auf den Keys können sich Besucher eine ungefähre Vorstellung davon machen, wie das Leben zu Hemingways Zeiten gewesen ist, als die Inselkette noch nicht von Tycoons und Industriemagnaten in Beschlag genommen war. Kein Vergnügen sind die Everglades im Sommer, wo die schwüle Hitze und eine Unmenge von Insekten eine gleichermaßen abschreckende Wirkung entfalten. Ein freundlicheres Gesicht zeigen da die hinreißenden Golfinseln, die im Sommer deutlich weniger elitär sind. Die Nordhälfte Floridas rüstet sich unterdessen Ende Juni für die Hochsaison: Die Badeorte am Atlantik sind ein bevorzugtes Ziel von

Familien. Am Panhandle fallen dann die Bewohner der Nachbarstaaten ein. Weil es sich dabei oft um die konservative Landbevölkerung aus Georgia, Alabama und Mississippi handelt, hat sich der wenig schmeichelhafte Ausdruck »Redneck Riviera« eingebürgert. Aufgrund ihrer beträchtlichen Länge bleibt es an der Küste abseits der Hauptorte erträglich.

HERBST

Eine gute Reisezeit, die immer häufiger von Hurrikans bedroht wird.

Wer an den Herbst in Florida denkt, hat vor allem ein Wort auf der Zunge: Hurrikans. Tatsächlich sind die tropischen Stürme eine nicht zu unterschätzende Gefahr. Aufgrund guter Frühwarnsysteme sind es allerdings vor allem die materiellen Schäden an Häusern, Booten, Autos und der elektrischen Infrastruktur, die eine Bedrohung für die Gesellschaft darstellen. Statistisch gesehen treten die Wirbelstürme mit Windgeschwindigkeiten von 200 bis 320 km/h im September am häufigsten auf, dicht gefolgt von Oktober und August. Dabei war es in der Vergangenheit so, dass das Festland Floridas nur alle sieben Jahre getroffen wurde – eine Zahl, die in den vergangenen Jahren rasant zugenommen hat. Wer dies beachtet, kann eine herrliche Zeit im Herbst haben. Vor allem im November, wenn Mitteleuropa von wolkenverhangenen Tagen dominiert wird. Ganz allgemein gelten im Herbst Nebensaisonpreise, außer man besucht das Event schlechthin: Die Art Basel Miami hat sich seit ihrer Premiere im Jahr 2002 zu einem glamourösen gesellschaftlichen Ereignis gemausert. Gut betuchte Galeristen, Künstler und Käufer entfachen in der Metropole Anfang Dezember für die Dauer einer knappen Woche ein Fegefeuer der Eitelkeiten, dessen Beobachtung auch für Außenstehende recht kurzweilig ist. Anschließend geht es ein paar Tage ruhig zu in Florida, ehe Mitte des Monats die »Snowbirds« den echten Zugvögeln hinterhereifern und der Jahreszyklus von vorn beginnt.

Der Collins Park in Miamis Viertel South Beach. Die Art Basel hat hier ihre Spuren hinterlassen

Weihnachten mal ganz anders: Im Sunshine State wird unter Palmen gefeiert

WINTER

Wunderbare Erholung von garstigen Temperaturen bei astronomisch hohen Preisen.

In den beiden letzten Dezemberwochen herrscht in Südflorida absolute Hochsaison. Jeder Amerikaner, der etwas auf sich hält, möchte Weihnachten als die vermeintlich schönste Zeit des Jahres in der wärmenden subtropischen Sonne verbringen. Das hat entsprechende Konsequenzen: Südlich einer gedachten Linie von Tampa über Orlando bis nach Cocoa Beach ist Florida ausgebucht und extrem teuer. Hotelzimmer erreichen Preise von 500 Dollar pro Nacht, wobei die Lage in Miami Beach, auf den Keys, rund um die Disney-Parks und auf Golfinseln wie Sanibel besonders angespannt ist. Wer den Sunshine State einfach nur erkunden möchte, sollte sich definitiv einen anderen Zeitpunkt aussuchen. Die Sehnsucht nach Sonne hält auch nach dem Jahreswechsel an – mit ähnlichen, aber nicht ganz so drastischen Auswirkungen auf die Kosten. Ganz anders ist die Lage nördlich der gedachten Trennlinie. Hier sind die Temperaturen in der Regel ebenfalls angenehm, allerdings gelten die Monate bestenfalls als Nebensaison. Davon aber sollten sich Zentraleuropäer nicht beirren lassen: Oft sind die Nächte in Nordflorida mit Temperaturen um den Gefrierpunkt kalt, anschließend aber heizt es sich bei strahlendem Sonnenschein und Windstille bis auf herrliche 20 Grad auf. Vor allem im Panhandle sind die Preise für Ferienwohnungen so niedrig, dass ein längerer Aufenthalt eine reizvolle Sache sein kann. Eine wunderbare Attraktion hält der Norden im Winter auch bereit: Weil die meisten Gewässer kühl sind, suchen die Manatis die im Inland gelegenen Quellen auf, deren Temperatur beständig über 20 Grad liegen. Die Begegnung ist unvergesslich!

	Dez.	Jan.	Feb.
	16° / 24°	15° / 24°	16° / 24°
	7	8	9
	5	6	5
	23°	22°	23°

Lebendige Gastroszene dank vielfältiger Landesküchen

Florida ist ein Fest für alle Foodies: Die Restaurants zwischen Key West und Pensacola decken unzählige Migrantenküchen und alle Preisklassen ab. Viele Lokale bedienen mit großartigen Standorten das amerikanische Faible für Show und Spektakel, andere verstehen es, mit einem simplen Rahmen zu begeistern. Wer es darauf anlegt, kann bei allen drei Hauptmahlzeiten kulinarische Welten erkunden und sich an Kaffeespezialitäten und Craft Beer laben.

Für den Abend lautet das Zauberwort »Fine dining«. Die schicken Lokale begrüßen ihre Gäste in Person eines »host«, der sie an den Tisch führt. Im Rampenlicht steht beim Dinner aus gutem Grunde frischer Fisch, der in der gehobenen floridianischen Küche vorzugsweise als »line caught« angepriesen wird, also von der Angel kommt. Frisch vom Grill oder mit einer kreativen Kruste, z. B. aus Macadamia-Nüssen veredelt, sind Mahi Mahi (Goldmakrele), Grouper (Zackenbarsch) und diverse Snapper eine Delikatesse. Überhaupt ist Seafood das große Ding in den Restaurants: Wer zwischen dem 15. Oktober und dem 15. Mai vor Ort ist, kommt in den Genuss von Stone Crabs. Im Panhandle bestellen Feinschmecker unterdessen Austern, die unmittelbar vor der Küste auf Bänken gezüchtet werden und frischer kaum sein könnten. Die »alte« amerikanische Esskultur allerdings blinkt hier insofern noch einmal auf, als dass die Schalentiere auch »deep fried« zubereitet werden – mit einer Panade, die sie jeden Aromas beraubt.

Direkt vom Meer auf den Tisch in Apalachicola, »oyster capital of the world«

ORDENTLICHE PORTIONEN UND GEPFEFFERTE PREISE

Die Portionen sind in der Regel so groß, dass die Bestellung von drei Gängen fast übertrieben erscheint. Doch wer mag schon auf saftige Crab Cakes als Vorspeise verzichten – oder auf einen Key Lime Pie zum Dessert? Gutes Essen allerdings hat seinen Preis: Allein die Hauptgänge (»entrees«) können zwischen 30 und 40 Dollar kosten. Auch sind alkoholische Getränke

Street Food satt gibt es beim Food Truck Festival in Margate bei Fort Lauderdale

– insbesondere Wein! – erheblich teurer als in Deutschland. Hinzu kommt ein üppiges Trinkgeld von wenigstens 15, besser aber 20 %. Und die State Tax von meist 7 % wird auch noch auf den Nettopreis aufgeschlagen.

STREET FOOD UND FOOD HALLS

Zum Glück sind die Alternativen zum schicken Essen zahlreich. Seit einigen Jahren schon schießen in Florida sogenannte Food Halls aus dem Boden, in denen etablierte Restaurants oder erfolgreiche Anbieter von Street Food Zweigstellen eröffnen. Hier befindet sich alles unter einem Dach. Gegessen wird zwanglos und die Preise bewegen sich auf gehobenem Imbissniveau. Überhaupt ist Street Food in den USA weit verbreitet und innovativ. Das trifft auch auf die Landesküchen zu, die Einwanderer aus Südamerika, Asien und Europa importiert haben. Eine großartige Ergänzung des Speiseplans sind etwa peruanisches Ceviche oder japanisch inspirierte Sashimi, Maki und Sushi. Zum Publikumsrenner hat sich auch die Küche einer nahe gelegenen Karibikinsel entwickelt, wobei vor allem das großzügig mit (Schweine-)Fleisch belegte Cuban Sandwich weithin verehrt wird. Doch auch mexikanische Fisch-Tacos und argentinische Samosas sind eine Sünde wert.

LUNCH IST DAS NEUE DINNER

Dies alles verzehren die Amerikaner ebenso gern am Mittag, wenn die Preise in Restaurants spürbar niedriger sind. Abgesehen von den opulenten Hotelbüffets wird das Frühstück in der Regel eher vernachlässigt, wobei es in gehobenen Coffee Shops neben vorzüglichem Kaffee – den Cuban Coffee nicht vergessen! – und Sandwichklassikern wie dem Reuben (mit Corned Beef und Sauerkraut) auch Optionen für Gesundheitsbewusste gibt. Das Brot kann allerdings nur in Ausnahmefällen mit heimischer Qualität mithalten.

AUSGEPRESSTES UND CRAFT BEER

Auch die Getränkekarte kann sich vielerorts sehen lassen. Das beginnt mit ausgepressten Zitrusfrüchten, deren Aromen die kaum noch zu überblickende Brigade der Braumeister über den kunstvollen Einsatz verschiedener Hopfen auch im Gerstensaft gern hervorhebt. Jedes Dorf scheint heute wieder seine Mikrobrauereien zu besitzen. In der Gunst des Publikums lag lange Zeit das alkoholreiche India Pale Ale (IPA) vorn, neuerdings werden leichtere Biere immer populärer – darunter mit dem Kölsch auch eines, das in Deutschland als regionale Spezialität geschützt ist.

GEFROREN ODER GERÜHRT

Blieben noch die Arbeitsnachweise der Barmixer, die sich an oft beneidenswert schön gelegenen Orten der Herstellung von Margaritas widmen. Der kommt in Florida gern »frozen« daher, also mit einer beträchtlichen Menge an gestoßenem Eis. Das ist erfrischend, daher trinktechnisch ein bisschen gefährlich und nicht jedermanns Sache. Doch stilvolle Alternativen sind vor allem in den Designhotels von South Beach keine Mangelware – sei es ein Mojito oder ein Dry Martini. Cheers!

Bei einem eiskalten Mojito stellt sich ganz automatisch das Gefühl der Karibik ein

Einfach köstlich: Der Key Lime Pie geht auf die Frauen der Schwammtaucher zurück

In aller Munde

Key Lime Pie

Der Key Lime Pie ist ein amerikanischer Mythos, der sich auf die Speisekarten des gesamten Kontinents ausgebreitet hat. Was diesen Kuchen so besonders macht, ist der Saft einer Limettensorte, die ausschließlich auf den kargen Böden der Koralleninselkette gedeiht. Die Früchte werden nur zwischen 2,5 und 5 cm groß, doch ist ihr Saft aromatischer und säurehaltiger als jener verwandter Sorten. Aus genau diesem Grund eignen sie sich blendend für die Verwendung in Desserts, da sie es mit deren Süße aufnehmen können.

Die Ursprünge des Rezepts gehen auf das frühe 20. Jh. zurück, als der Kuchen in Key West aufgekommen ist. Die Füllung besteht neben Limettensaft aus Eigelb und gesüßter Kondensmilch. Diese Zutaten besitzen die Eigenschaft, dass sie beim Verrühren zu einer festen Masse werden, die bei geeignetem Boden keinen weiteren Backvorgang erfordern. Über die Erfindung des Key Lime Pie kursiert die Theorie, dass er von den Frauen der Schwammtaucher kreiert wurde, die wegen der langen Aufenthalte nur feste und gut haltbare Speisen an Bord ihrer Boote mitnehmen konnten.

Heute wird oft darauf verzichtet, doch zur Originalkomposition gehört eine Baiser-Haube, in der das noch nicht verwendete Eiweiß zum Einsatz kommt. Aus Angst vor Salmonellen kommen die Kuchen auch für eine kurze Weile in den Ofen. Das ändert nichts daran, dass der Key Lime Pie bis heute eine feste Größe vor allem auf Key West ist, wo sich mehrere Bäckereien auf die Herstellung spezialisiert haben. Am besten schmeckt er leicht angefroren – und nicht als Dessert, sondern als eigene (Zwischen-)Mahlzeit.

Mondänes Shoppen in Miamis Design District mit seinen Nobelboutiquen

Das Einkaufsland der unbegrenzten Möglichkeiten

Die Versuchung ist groß, mit einem leeren Koffer nach Miami oder Orlando zu reisen – so vielseitig sind die Einkaufsmöglichkeiten in Florida. Die Shopping Malls in den großen Ballungsgebieten vereinen mehrere Hundert Geschäfte unter einem Dach, die einen ruinösen Konkurrenzkampf nicht scheuen. Nostalgiker werden auf Flohmärkten fündig.

Im Prinzip ist der amerikanische Shopping-Alltag ein einziger Ausverkauf, besonders groß aber sind die Rabatte an jenen Wochenenden, die von einem Feiertag verlängert werden. Wenn die Textilbranche neuen Platz in den Läden schaffen muss, schreckt sie nicht davor zurück, nur noch die Hälfte oder gar ein Viertel des Originalpreises zu berechnen. Aber auch ohne Sale-Schild sind Jeans und Sportschuhe deutlich günstiger als in Europa. Doch Vorsicht: Personen im Alter von mehr als 15 Jahren dürfen seitens des Zolls nur Waren bis zu einem Wert von 430 Euro ausführen, bei jüngeren beträgt die Grenze 170 Euro. Wer meint, seine nagelneuen Sneakers auf dem Rückflug tragen zu müssen, fällt dem geschulten Blick der Beamten besonders schnell auf.

ELEKTRONIK UND VINYL

Auch Elektrogeräte oder Gadgets, die in Europa noch nicht auf dem Markt sind, stehen bei Reisenden hoch im Kurs. Dabei gilt es zu bedenken, dass die Garantie bei solchen Anschaffungen ohne US-Adresse nicht immer greift. Nostalgiker erstehen auf Flohmärkten für kleines Geld typisch amerikanische Designartikel und Einrichtungsgegenstände. Die Liebhaber von Vinylschallplatten können sich ebenfalls hier oder in den oft gut sortierten Fachgeschäften auf die Suche nach Raritäten machen.

Das perfekte Souvenir

Jay-Gatsby-Outfit

Ein typisches Florida-Outfit – auch später für zu Hause? Dieser Wunsch lässt Spielraum für Interpretation. Doch wer nach dem Ausschlussverfahren vorgeht, gelangt schnell in die richtige Richtung. Die Edelcouturiers, die in den glitzernden Einkaufszentren in Miamis Design District ihre überteuerten Fummel anbieten? Langweilig! Bademode vom Strandboulevard? Zu banal! Was aber kaufen, um den Look Floridas zu tragen? Wie ein Eingeweihter aus Palm Beach erläutert, schickt es sich für beide Geschlechter, sich grob an der Mode zu orientieren, wie sie zu Zeiten des großen Gatsby getragen wurde – also in den 1920er-Jahren. Für Damen bieten sich tagsüber Kleider in fröhlichen Farben mit floralen Mustern an, entweder ärmellos oder mit halblangen Glockenärmeln aus Spitze, wie es sie etwa in den Boutiquen von Lilly Pulitzer gibt. Die Abendgarderobe unterscheidet sich hiervon in erster Linie durch gedecktere Farben und Schuhe mit höheren Absätzen. Bei den Männern ist die Lage ein bisschen kniffliger, gilt es doch die Frage zu beantworten, ob Shorts erlaubt sind. In der High Society von Palm Beach ist das ausgeschlossen, hier geht der Trend zu ultraleichten Stoffen in Pastellfarben, die gegebenenfalls sogar als Dreiteiler getragen werden. Wer gewagtere Kombinationen bevorzugt, kann in den Boutiquen von Maus & Hoffman auch zu Anzügen in grellen Tropenfarben greifen. Gemeinhin bleiben aber solcherlei Akzente den Accessoires vorbehalten, wobei sich neben der Krawatte auch das Einstecktuch anbietet. Ein leichter Strohhut ist das Tüpfelchen auf dem i!

Edles von Lilly Pulitzer in Palm Beach

Entspannung am Strand, Spannung im Themenpark

Ein familienfreundlicheres Urlaubsziel als Florida ist kaum vorstellbar: Tausende Kilometer Sandstrand und die höchste weltweite Konzentration an Themenparks garantieren Ferien ganz nach dem Geschmack der Kids. Auch in Restaurants und Geschäften muss der Nachwuchs eher gebremst werden – und die Vorzüge der Natur vor allem in den State Parks dürfen nicht unterschätzt werden.

Nervenkitzel ist auf der Alligatorenfarm in den Everglades garantiert

URLAUBSKASSE

Das größte Hindernis für den geglückten Familienurlaub sind die Kosten, die vor allem in den Themenparks auszuufern drohen. Wer zu viert die Disney-Parks oder ähnliche Spaßfabriken aufsucht, muss pro Tag mit rund 500 Dollar Eintrittsgeld rechnen. Hinzu kommen Parkgebühren, Mahlzeiten zu verschiedenen Anlässen und, wenn es nach dem Nachwuchs geht, eine Übernachtung in einem zum Resort gehörenden Hotel. Selbst mit Rabatten sind für drei Tage und zwei Nächte schnell 2500 Dollar weg. Wenn die Kleinen spitzkriegen, dass es nicht nur zwei oder drei dieser Anlagen gibt, wird es richtig teuer. Wie löblich sind da die 175 State Parks, die über ganz Florida verteilt sind: In den teilweise hinreißend schönen Naturreservaten kostet der Eintritt für alle Insassen eines Autos in der Regel 6 bis 8 Dollar. Großartige Erlebnisse müssen nicht zwingend teuer sein!

ÜBERNACHTEN MIT KINDERN

Die Notwendigkeit einer Bleibe kann sich derweil als erfreuliche Überraschung herausstellen. Im Prinzip besitzen alle Hotels und Motels große, familienfreundliche Zimmer mit zwei King- oder Queensize-Betten. Hier lässt es sich mit jüngeren Kindern ohne Aufpreis auch gut zu viert drin nächtigen. Jedes auch nur einigermaßen anständige Haus besitzt darüber hinaus einen Swimmingpool und Spielbereiche. Viele Ketten haben sich auf die Zielgruppe spezialisiert: So bieten die Holiday Inns (www.holidayinn.com) Kindern unter 12 Jahren kostenlose Mahlzeiten, während die Hyatt Hotels und Resorts (www.hyatt.com) den Nachwuchs zwischen 3 und 12 mit betreuten Aktivitäten erfreuen. Rund um Orlando greifen viele Hotels bestimmte Themen aus den Vergnügungsparks bereits in den Zimmern auf.

KLEINE UND GROSSE ABENTEUER

Jeder kann in Florida seine Abenteuer erleben. Die Amerikaner bezeichnen schon den Besuch eines hochkommerziellen Kunstprodukts wie den Disney-Park als solches. Doch nahezu alle anderen Optionen sind interessanter: Das beginnt mit den für Kinder ab 6 Jahren hochspannenden Forschungseinrichtungen der NASA (www.kennedyspacecenter.com, S. 149), wo echte Raketen auf Raumstationen auf junge Entdecker warten. Aber auch die Natur hält von Alligatoren über Schildkröten bis hin zu unzähligen Vogelspezies so viele spannende Überraschungen parat, dass sich kaum ein Kind ihren Reizen wird entziehen können. Die Everglades sind dabei aufgrund ihrer Größe nicht zwingend die beste Option. State Parks wie Myakka River (S. 124) oder der Ocala National Forest (S. 155) sind im Zweifelsfall leichter zugänglich und weniger überfüllt.

KULTUR FÜR KIDS

Sind die Themenparks in Florida ein Ausdruck von Kultur? Auf jeden Fall! Comics, Zeichentrickfilme und Spielfilme aus Hollywood sind ohne Zweifel von enormer popkultureller Kraft. Der Besuch eines solchen Parks ist auch deshalb eine wertvolle Erfahrung, weil es sich eben um ein sehr amerikanisches Kulturgut handelt. Auch bei

Der Comic-Held Beetle Bailey hat auch die Universal Studios in Orlando erobert

den Museen sollte es keinerlei Vorbehalte geben, denn diese sind durch die Bank auf Familien eingestellt. Besonders gut sind die Technikmuseen, die immer zum Mitmachen animieren und die Kids mit Leichtigkeit an die mitunter komplexe Materie heranführen.

Weiße Strände, türkisfarbenes Wasser: Was könnte für Kids schöner sein?

STRAND UND MEHR

Floridas Strände sind fast ausnahmslos perfekt für Kinder. Felsen oder Klippen sind allenfalls sporadisch vorhanden und hohe Wellen treten meist nur in Verbindung mit Stürmen auf. Generell gilt, dass der Atlantik etwas höhere Wellen und stärkere Strömungen mit sich bringt als der Golf von Mexiko – auch ist das Wasser meist kälter. Viel besuchte Strände werden in der Hauptbadesaison von Bademeistern bewacht. Unbedingt aufpassen sollten Urlauber auf Stachelrochen (»sting rays«), die vor allem in den flachen Gewässern des Golfs von Mexiko vorkommen. Gummischuhe bieten ebenso einen wirksamen Schutz wie langsames Nachziehen der Füße durch den Sand – das scheucht die Rochen auf und veranlasst sie zum Rückzug. Gerade im Atlantik sind Haie keine Seltenheit, das gilt insbesondere für die flachen Küstengewässer. Angriffe auf Menschen sind jedoch äußert selten. Informieren Sie sich gegebenenfalls vor Ort, ob gesonderte Vorsichtsmaßnahmen empfohlen werden.

SCHNEEWITTCHENTELLER

Die Situation bezüglich des Essens ähnelt dem Umgang mit den Themenparks: Das Angebot ist von überwältigender Größe und Vielfalt. Nicht wenige Kids können sich gut mit dem Fastfood anfreunden, das an allen Ausfallstraßen, in Vergnügungsparks, Fußgängerzonen und an Strandboulevards mit marktschreierischen Schildern angepriesen wird – und es spricht wenig dagegen, dem Druck wenigstens sporadisch nachzugeben, da es sich um ein Stück amerikanischer Esskultur handelt. Davon abgesehen haben auch die meisten guten Restaurants und die vielen Landesküchen spezielle Gerichte für Kinder im Angebot. Für die allgegenwärtigen Softdrinks hingegen sind die Alternativen oft spärlich, da nicht jedes Lokal frisch gepresste Säfte, hausgemachte Limo oder frisch aufgesetzten Eistee im Programm hat. Am besten stehen die Chancen, wenn die Lokale mit den Labels »organic« oder »health food« arbeiten, die für Bioprodukte stehen.

Leuchtende Augen

Abenteuer mit Manatis

Ein bewegender Augenblick, wenn sich im Crystal River der erste Manati zeigt

Die Küsten Floridas mögen sehr dicht besiedelt sein. Dennoch ermöglicht der Staat vielerorts auch heute noch unvergessliche Naturerlebnisse. Eines davon ist die Begegnung mit Manatis. Die bis zu fünf Meter langen Rundschwanzseekühe mit dem gutmütigen Blick sind an bestimmten Orten mit einiger Sicherheit anzutreffen. Am besten erzählen Sie den Kindern gar nicht groß von den Plänen, sondern versuchen einfach Ihr Glück – dann sind Enttäuschungen ausgeschlossen. Perfekte Augenblicke verspricht der frühe Aufbruch in den Wakulla State Park (S. 161), der bereits um 8 Uhr seine Pforten öffnet. In dem verwunschenen Park mit der üppigen subtropischen Flora wurden einige Tarzan-Filme gedreht – und die Gewässer sind auch bei den Manatis populär, weil sie von beständig 20 Grad warmen Quellen gespeist werden. Früh am Morgen finden nur wenige Besucher den Weg in den Park. Fahren Sie zum Parkplatz bei der Lodge und laufen Sie von dort zum See. Hier befindet sich ein Sprungturm, den es zu erklimmen lohnt, denn das glasklare Gewässer ist eine Art Treffpunkt für die Manati-Population. Eine Garantie freilich gibt es ebenso wenig wie einen festgeschriebenen Ablaufplan des Seekuhalltags. Eine weitere Option sind die Quellen des Crystal River (S. 135), aber auch von den Holzplanken des Big Cypress Swamp Welcome Center (S. 111) in der Nähe der Everglades sind die Tiere oft zu sehen. Ein bewegender Augenblick.

Das Markenzeichen von Miami Beach: Art déco, so weit das Auge reicht

Art déco: Schillernde Architektur für Amerika

Es ist noch gar nicht so lange her, dass Florida im Speziellen und die USA im Allgemeinen sehnsüchtig nach einer eigenständigen Kultur und wiedererkennbaren Ausdrucksform verlangt haben. Ohne diese werde das Land immer im Schatten Europas stehen und ohne diese werde es keine vollwertige Nation sein – so der weit verbreitete Glaube.

Ein frühes Statement dieser kulturellen Identität wurde als solches zunächst gar nicht wahrgenommen. Als die ersten Art-déco-Bauten im Süden von Miami Beach (S. 77) entstanden, war die noch junge Stadt gerade von einem Hurrikan verwüstet worden. Generell aber war 1926 in Florida vor allem der Mediterranean Revival Style en vogue, eine Neuinterpretation der italienischen und spanischen Renaissance. Indem die Architekten Bewährtes zitierten, übten sie sich de facto im Kniefall vor dem alten Europa.

EIGENSTÄNDIGE KULTURELLE IDENTITÄT

Baumeister wie Lawrence Murray Dixon (1901–1949) und Henry Hohauser (1895–1963) indes mochten da nicht mehr mitmachen, nachdem die Naturgewalten Tabula rasa gemacht hatten. Vielmehr trauten sie sich,

Gebäude zu entwerfen, die ihrer Lage an der Schwelle der Subtropen zu den Tropen gerecht wurden, die amerikanische Motive und Formen aufgriffen und somit ein Ausrufezeichen setzten für eine eigenständige kulturelle Identität. So entstanden am Ocean Drive und an der Collins Avenue in den frühen 1930er-Jahren vordergründig recht simple und funktionale Bauten mit oft nur drei oder vier Stockwerken, die jedoch bei näherem Hinsehen über eine bemerkenswert eigenständige Architektursprache verfügten.

FASSADEN SO BLAU WIE DER OZEAN

Das fing schon bei der Wahl der Farben an. Einer weißen Fassade wurde häufig mit kräftigen Pastelltönen an den Details gekontert. Darin fanden sich das Blau des Ozeans, das Orange des Zwielichts und das Gelb der Sonne wieder. Die Ornamente an Fassaden und im Interieur griffen ebenfalls die sichtbaren Merkmale der unmittelbaren Umgebung auf: Palmen, Blumen, Flamingos und andere Vertreter der exotischen Tier-

Barbara Capitman

Barbara Capitman wurde 1920 in Chicago geboren. In jener Stadt also, die mit der Perfektionierung des Wolkenkratzers die ultimativ amerikanische Architekturform hervorgebracht hat. Erst 1973 ist sie nach Miami Beach gezogen, wo ihr für hervorragende Architektur geschultes Auge bald die Qualität der Art-déco-Bauten erkannt hat. Als Investoren Mitte der 1970er-Jahre den Plan äußerten, die pastellfarbenen Preziosen von South Beach abreißen zu wollen, gründete Capitman 1976 gemeinsam mit ein paar Gleichgesinnten die Miami Design Preservation League (MDPL, www.mdpl.org). Nach langem Kampf und intensiver Öffentlichkeitsarbeit erreichte die MDPL am

14. Mai 1979 ihr Ziel: Der Miami Beach Architectural Historic District wurde auf die Liste der amerikanischen Baudenkmäler gesetzt. Ein Jahr später meldete sich ein gewisser Andy Warhol mit dem Anliegen bei Capitman, ihm eine Führung durch das Viertel zu geben. Das Ereignis fand nationale Berichterstattung – der Ritterschlag für die Bemühungen der MDPL und der Anfang des beispiellosen Aufstiegs eines Viertels.

welt. Baukörper und Balkone erhielten derweil oft eine stromlinienförmige Rundung, die den Optimismus und Fortschrittsglauben des Technologiezeitalters zum Ausdruck brachte. Dazu gehörte auch ein Höchstmaß an Funktionalität, die sich unter anderem dadurch äußerte, dass über den Fenstern ein – gleichfalls gerundeter – Sims eingezogen wurde, der das Sonnenlicht aus den Zimmern halten sollte. »Eyebrows« nennen Architekten das heute, Augenbrauen.

Henry Hohauser entwarf das berühmte Colony Hotel in den 1930er-Jahren

Somit war ein Stil geboren, der Miami ein eigenes, unverwechselbares Gesicht gegeben hat. Noch heute sind viele Bauten aus dieser Zeit in ziemlich unveränderter Form vorhanden. Hohauser etwa entwarf das Colony Hotel (736 Ocean Dr), das Cardozo (1300 Ocean Dr) und das Essex House (1101 Collin Ave). Aus dem Atelier von Dixon stammen das Tudor House (1111 Collins Ave.) und das grandiose Ritz (1701 Collins Ave.). Die Ikonen befinden sich in Gesellschaft von rund 800 Art-déco-Bauten, die in unserer hedonistischen Gegenwart wie gemacht scheinen für kapriziöse Hotels und ein entsprechendes Publikum. Fast alle sind heute perfekt restauriert, in den meisten Fällen nach den Originalplänen. Ein fantastischer Anblick vor allem bei Dunkelheit, wenn die Neonlichter ihre Kraft ausspielen können. Eine gepflegte Fassade und eine hippe Bar, das nur nebenbei bemerkt, sind allerdings auch noch kein verlässlicher Beleg für ein gutes Hotel – da ist der Preis schon erheblich aussagekräftiger.

NACH DEM VERFALL DIE RETTUNG

Ohne das Engagement von Barbara Capitman wären wohl viele Art-déco-Bauten abgerissen worden

Die Tatsache, dass die Hotels schöner denn je strahlen, ist keine Selbstverständlichkeit. Auch wenn das Art-déco-Viertel bis weit in die 50er-Jahre gewachsen ist, hatten Miami und der Rest der Welt bald darauf das Interesse an den Kostbarkeiten verloren. Die rasant wachsende Stadt hatte sich in den 60er- und 70er-Jahren zu einer Hochburg für die organisierte Kriminalität entwickelt und wurde von der breiten Masse zusehends gemieden. Nicht nur die Schmuckkästchen in South Beach verfielen. Anfang der 70er-Jahre war ihr Anblick so traurig geworden, dass Investoren gute Karten zu haben schienen, South Beach ein drittes Mal zu bauen – nach dem vollständigen Abriss des Art-déco-Viertels.

In der Stadt regte sich nur wenig Widerstand gegen diese Pläne. Lediglich eine einzige Person schien sich der Tatsache bewusst, dass es sich bei den Bauten von South Beach um einen einzigartigen kulturhistorischen Schatz handelte – und noch dazu um ein frühes Statement für eine eigenständig amerikanische Ausdrucksform. Ihr Name war Barbara Capitman (S. 33) und sie setzte sich erfolgreich für die Erhaltung des Viertels ein. Um das Jahr 1980 war South Beach noch weit davon entfernt, die teure Trenddestination zu werden, die es in heutiger Zeit ist. Hierzu bedurfte es erst noch der legendären Krimiserie »Miami Vice« (1984–89) und einer Verbesserung der Sicherheit. Rund 40 Jahre später sind nahezu alle Art-déco-Juwelen umfassend restauriert. So einzigartig und originell, dass Miami Beach zum Weltkulturerbe geworden ist.

Themenführungen durch das Viertel

Die Miami Design Preservation League hat ein kleines Museum (1001 Ocean Dr) eingerichtet. Das Haus ist zugleich Startpunkt mehrerer thematischer Führungen. Jedes Jahr Mitte Januar wird das Viertel beim Art Deco Weekend stilecht gefeiert – mit Musik, Kleidern und Autos aus der Gründerzeit.

www.artdecoweekend.com

Nichts ist unmöglich

In Europa ist alles, was benötigt wird, bereits vorhanden. Weite Teile des Kontinents sind vollendet und erfordern keine besondere Initiative. Wenn aber mal etwas ersetzt werden soll wie etwa der Hauptstadtflughafen oder der Stuttgarter Bahnhof, werden die Projekte zu Problemfällen.

Wie anders ist die Lage da in Florida. Hier scheint nichts unmöglich. Das beweist allein ein regelmäßiger Blick auf die Skyline von Miami. In Downtown und dem angrenzenden Geschäftsviertel Brickell ändert sich diese scheinbar im Monatsturnus – und die Liste der geplanten Projekte ab 200 m Höhe ist noch länger als die gleichfalls nicht kurze der jüngst realisierten Bauten.

SCHNELLER, HÖHER, GRÖSSER

Doch es sind nicht nur Wolkenkratzer und Apartmenthäuser, die in atemberaubendem Tempo entstehen. Orlando etwa braucht ständig neue Attraktionen, um seinem Ehrgeiz gerecht zu werden, zumindest nach amerikanischen Maßstäben die Vergnügungshauptstadt der Welt zu sein. Die Konkurrenz in Las Vegas schläft nicht – und so müssen den Touristen immer neue Anreize geboten werden, ein Ticket nach Zentralflorida zu lösen. Eine Attraktion wie das Riesenrad Orlando Icon mit einer Höhe von immerhin 122 m mag schön und gut sein. Doch selbst wenn die Passagiere oben bei klarer Sicht bis zur Raketenabschussrampe nach Cape Canaveral blicken können, scheint etwas vergleichsweise Altmodisches wie solch ein Riesenrad nicht viel mehr als eine Fußnote. So planen die Betreiber der Themenparks ständig neue Kunstwelten – und so mancher Erfolg gibt ihnen Recht: Die Besucherzahl in den Universal Studios hat sich zwischen 2009 und 2017 auf 10,2 Mio. fasst verdoppelt, weil die Fans ganz offensichtlich darauf gewartet haben, dass sich die Welt des Zauberers Harry Potter endlich materialisiert.

Bei Dr Filibuster's in den Universal Studios gibt's die originalen Feuerwerkskörper aus »Harry Potter«

Kühner Entwurf der Architekten Herzog & de Meuron: das hippe Parkhaus am Ende der Lincoln Road in Miami

EIN TREND IST DA, UM AUSGEREIZT ZU WERDEN

Ganz ähnlich sieht es in Sachen Ernährung aus. Essen, Trinken und Genuss laufen dem Besitz von Statussymbolen in unserer Gegenwart mehr und mehr den Rang ab. Eine der Folgen ist die wachsende Bereitschaft, Geld für häufige Restaurantbesuche in die Hand zu nehmen. Dabei hat sich in der jüngeren Vergangenheit insbesondere ein Trend herauskristallisiert: Food Halls, in denen die Besucher alle möglichen Produkte in lockerem Rahmen verkosten können, ohne sich auf eine Sache festlegen zu müssen. Überall zwischen Jacksonville und St. Petersburg sind mehr oder weniger große Exemplare entstanden, die den wachsenden Markt bedienen. Dabei geht Miami gewohnt forsch voran – allein hier sind zwischen 2017 und 2019 sieben solcher Gourmetadressen geplant und auch realisiert worden.

PALÄSTE FÜR DIE KULTUR

Sogar die grundsätzlich hochpreisigen und daher nicht unproblematischen Kulturbauten entstehen in Florida gleich in Serie. Das Nachwuchsorchester New World Symphony könnte eine neue Spielstätte in South Beach gebrauchen? Da ist in Person von Frank O. Gehry der Architekt des Guggenheim-Museums in Bilbao zur Stelle. Und das Pérez Art Museum (PAMM) möchte dazu beitragen, dass Miamis Ruf als bevorzugter Ort für avantgardistische Kunst nicht bei der Ausrichtung der Art Basel Miami endet? In diesem Fall ist das Atelier von Herzog & de Meuron stets zu Diensten. Die geistigen Väter der Elbphilharmonie, das nur nebenbei bemerkt, waren sich nicht einmal zu schade dafür, in Miami ein Parkhaus zu bauen, das seitdem würdevoller Abschluss der Fußgängerzone Lincoln Road ist.

Der Hochgeschwindigkeitszug Brightline verbindet Miami mit Fort Lauderdale, West Palm Beach und bald auch Orlando

LUXUSHOTELS UND MARODE INFRASTRUKTUR

Dies ist einerseits kapitalistische Logik und zum anderen touristische Notwendigkeit. Doch dahinter verbirgt sich auch ein eindeutiges Statement: Wenn in Florida etwas geplant wird, dann wird es oft auch umgesetzt. Und zwar schnell. Schließlich nimmt die Anzahl der Reichen und Superreichen nicht nur in den USA, sondern weltweit zu. Daher sind von Mitte Dezember bis Anfang April 350 Dollar für ein Hotelzimmer in Miami, Naples, Key West oder in der Nähe der Resorts in Orlando eher die Regel als die Ausnahme. Und jedes realisierte Projekt ist »big business«. Bei aller Bauwut, Risikobereitschaft und Investitionsfreude allerdings bleiben Investitionen ins Allgemeinwohl ziemlich auf der Strecke. Die Infrastruktur schwächelt zum Teil dramatisch. Die Erhebung von Mautgebühren für die Benutzung von Straßen breitet sich rapide aus – und auf den Freeways, die noch ohne Gebühren auskommen, werden Staus und Aggressionen zu ermüdenden Alltagsphänomenen. Als Alternative dient sich zwischen Miami, Fort Lauderdale, West Palm Beach und bald auch Orlando der neue Hochgeschwindigkeitszug Brightline (www.gobrightline.com) an. Doch das privat finanzierte Verkehrsmittel muss aufgrund fehlender Elektrifizierung mit Dieseltriebwagen vorliebnehmen. So ist Florida ein leuchtendes Beispiel für Energie, Tatendrang und Erneuerung – solange die richtigen Menschen davon profitieren.

Bald schon eine Seltenheit? Silberreiher in der Wasserlandschaft des Everglades National Park

Everglades in Gefahr

In einem Umfeld, das Urlaubsparadies, Themenpark und wachstumskräftiger Wirtschaftsraum zugleich ist, hat es die Natur schwer. Die Ausläufer von Fort Lauderdale und Miami reichen bis an die Grenze der Everglades (S. 108) heran. Wer sich einen Eindruck von dem Siedlungsdruck verschaffen möchte, sollte sich die Satellitenaufnahme von Google Maps aus der Region ansehen. Durch die fortschreitende Entwässerung und die zunehmende Umweltverschmutzung droht das fragile Ökosystem der Everglades seit einigen Jahrzehnten zu kippen. Schon 2000 wurde daher der Comprehensive Everglades Restauration Plan (www.evergladesfoundation.org) verabschiedet, der einige Erfolge aufzuweisen hat. Unter anderem wurde ein Abschnitt der Verbindungsstraße zwischen Miami und Tampa hochgelegt, damit das Wasser besser seinem natürlichen Lauf folgen kann. Ihr Status als Nationalpark gilt den Everglades als Garant für ihre Unantastbarkeit. Allerdings gehören nur etwa 20 % der Fläche zum Nationalpark. Auch hat US-Präsident Donald Trump in Alaska und Utah bereits bewiesen, dass er nicht davor zurückschreckt, die Fläche von Nationalparks per Präsidentenerlass einzudampfen. Ein weiterer Raubbau an den Everglades könnte nach Ansicht von Experten fatal sein, denn abgesehen von seiner Bedeutung für die Ökosysteme dient das Naturreservat als Barriere gegen Überflutungen infolge von Hurrikans.

Am Miami River tummeln sich Menschen aus Nord- und Südamerika

Miami – Die Hauptstadt aller Amerikas

Die USA sind ein Einwanderungsland. Florida ist als Ziel besonders attraktiv – und es sind vor allem Menschen aus spanischsprachigen Ländern, die hier eine neue Heimat suchen. Daran konnten in der Vergangenheit auch keine Grenzpatrouillen zu Land oder zur See etwas ändern. Selbst eine Mauer oder ein Zaun, die das Territorium der USA von Mexiko trennen, werden dies mutmaßlich nicht können.

Dabei spielt nicht nur der Faktor eine Rolle, dass sich Migranten aus Mittelamerika, Südamerika und der Karibik an der Schwelle von den Subtropen zu den Tropen wohlfühlen, nein, ihre Arbeitskraft wird auch dringend benötigt. Der gesetzlich vorgeschriebene Mindestlohn in Florida belief sich 2019 auf 8,44 Dollar. Wer in den von Trinkgeldern mitfinanzierten Berufen der Serviceindustrie tätig ist, hat gar nur Anspruch auf 5,44 Dollar. Dafür stehen arrivierte Mitglieder der US-Gesellschaft nicht auf.

EINWANDERER AUS KUBA UND HAITI

Der Zustrom von Einwanderern ist also in der amerikanischen Wirtschaft fest eingeplant. Laut dem American Immigration Council waren 2015 mehr als 20 % aller Einwohner Floridas im Ausland geboren. Weitere 12,5 % hatten mindestens einen Elternteil, der nicht aus den USA stammt. In Miami sind die Zahlen laut »New York Times« noch beeindruckender: Hier ist nur jeder Zweite auf amerikanischem Grund und Boden geboren, wobei 63 % der Bevölkerung Spanisch sprechen. Die größte Gruppe von Migranten stellen die Kubaner mit 22,8 %, gefolgt von Haitianern mit 8,3 %. Beide Völker können sich in Miami über einen Stadtteil freuen, der nach ihnen benannt ist und wo ihre kulturelle Herkunft gepflegt wird. Stark vertreten sind auch Mexikaner, Kolumbianer und Argentinier. Kein Wunder also, dass in vielen Vierteln, Restaurants und Shopping Malls nur noch wenig Englisch zu hören ist.

Chillen beim PAMM: Das Museum wurde vom argentinischen Immobilienmogul Jorge Pérez ins Leben gerufen

SCHÖN UND REICH – AUS LATEINAMERIKA

Auch wenn manch erzkonservativer Redneck damit hadert, ist die multilinguale Vielvölkerstadt Miami längst Realität. Für aufgeschlossene Menschen ist das sehr unterhaltsam, zumal das Bild der armen Migranten nur zum Teil stimmig ist: Auch viele wohlhabende Lateinamerikaner lassen sich in Miami nieder – am sichtbarsten Showstars wie Gloria Estefan, Ricky Martin oder Shakira. Nicht nur sie werden als Bereicherung gesehen. So war es niemand anderes als der ursprünglich aus Argentinien stammende Immobilienmogul Jorge Pérez, der mit dem PAMM (S. 70) das avantgardistischste Museum der Stadt ins Leben gerufen hat. Es häufen sich denn auch die Berichte, dass weite Teile der neuen Oberschicht aus Brasilien, Peru oder Kolumbien es für erstrebenswert halten, eines Tages in Miami zu leben. Denn zumindest im Geiste ist Floridas Metropole schon jetzt die Hauptstadt aller Amerikas.

Snowbirds fliegen gen Süden

In den Wintermonaten mischt sich noch eine weitere Spezies unter die ohnehin schon vielseitige Fraktion der Einwanderer: Sie werden in Nordamerika als »Snowbirds« bezeichnet, weil sie den langen Wegen der Zugvögel folgen, um der Kälte zu entfliehen, die weite Teile der USA und Kanadas von Dezember bis März fest im Griff hat. Ihr Bedürfnis nach Wärme hat die Preise für Hotels und andere Urlaubsnotwendigkeiten in die Höhe getrieben, weshalb diese Art von »Migranten« in Florida sehr willkommen ist.

Ein Held wie Papa Hemingway

Ein Leben nah an der Natur. Der heroische Kampf gegen die Elemente. Ein gutes Gespür für aktuelle Trends. Dazu ein Rauschebart mit hohem Wiedererkennungswert: Der Schriftsteller Ernest Hemingway lebte 1931 bis 1939 in Key West und jedes Jahr wird das gebührlich rund um seinen Geburtstag am 21. Juli gefeiert.

In Hemingways Stammkneipe Sloppy Joe's wird der Dichter auch heute noch heiß verehrt

Mit seinem kaum zu übertreffenden Talent zur Selbstinszenierung hat es Ernest Hemingway (1899–1961) schon zu Lebzeiten zum strahlenden Popstar der Weltliteratur gebracht. In gewisser Weise hat es der Nobelpreisträger sogar verstanden, als Persönlichkeit größer zu sein als seine Kurzgeschichten und Romane, die auf so unterschiedliche Weise gelesen werden können und häufig als das Werk eines Machos abgetan werden. Auf Key West (S. 98) hat der Autor nichts von seiner Strahlkraft verloren, was auch daran liegen mag, dass Hemingway maßgeblich zur Popularität des gleichnamigen Städtchens beigetragen hat, das vor seinem Gastspiel auch in den USA nur Insidern bekannt war. Von 1931 bis 1939 hatte »Papa« seinen Hauptwohnsitz auf dem Eiland. Während dieser Epoche hat er viele seiner besten Werke geschrieben – und erfolgreich an seinem Mythos als maskuliner Draufgänger gestrickt.

DOPPELGÄNGER DES DICHTERS

Immer noch kommen Anhänger des Über-Schriftstellers auf die Koralleninsel, um sich auf seine Spuren zu begeben. Einmal im Jahr steht er gar im Mittelpunkt der Aktivitäten: Während der Hemingway Days dreht sich seit 1981 anlässlich seines Geburtstags am 21. Juli sechs Tage lang alles um den Autor. Skurriler Höhepunkt ist ein »lookalike contest« (www.papalookalikes.com). Dazu zeigen sich die meisten Teilnehmer in kurzen Khakis und grauem Bart, um dem Safaripionier zu ähneln. Andere geben lieber den Hochseefischer, der sich mit einem Marlin als Trophäenfisch hat ablichten lassen. Einige gedenken dem Autor auch als jungem Mann mit Schnauzbart und Anzug.

Wer sieht Hemingway am ähnlichsten? Nach der Prämierung in Sloppy Joe's geht die Party in den Straßen von Key West weiter

WIE ZU HEMINGWAYS ZEITEN

Der Wettbewerb wird in Hemingways Stammkneipe Sloppy Joe's (S. 102) ausgetragen, allerdings nicht an der Originaladresse 428 Greene Street, das mittlerweile als Captain Tony's Saloon firmiert, sondern im Nachfolgelokal an der Kreuzung von Greene und Duval Street. Auf diese Weise bekommt das Publikum – im Alltag oft knapp bekleidete Kreuzfahrer – auch mal einen originellen Drink serviert. Überhaupt ist das Treffen ein großer Spaß, schließlich halten sich während der Festtage an die 200 Männer in Key West auf, die wie der trinkfeste Frauenheld aussehen. Nach zwei Vorrunden am Donnerstag und am Freitag kommt es am Samstag zum Showdown. Sobald der Sieger feststeht, geht die Party auf den Straßen des karibisch anmutenden Städtchens weiter. Die Doppelgänger sind dann in allen Teilen der Insel zu sehen.

Feiern und mehr

Der Ähnlichkeitswettbewerb mag der fotogene Kernbestandteil der Hemingway Days sein, doch das Programm umfasst wesentlich mehr. Dazu gehört ein amüsantes »Symposium« mit dem Titel »Running of the bulls«, das an den Debütroman »Fiesta« und die darin thematisierte Stierparade im spanischen Pamplona erinnert. Auf den Keys freilich werden die Tiere während der Parade von Plastikstieren auf Rollen ersetzt. Eine dreitägige Hochseefischereitour und Ausstellungen im Hemingway Home (S. 99) runden das Programm ab.

Von Henry Flagler erbaut: Die Bahia Honda Bridge führte zur gleichnamigen Insel

Ein junger Staat mit bewegter Geschichte

1565 von spanischen Entdeckern gegründet, gilt St. Augustine heute als älteste ununterbrochen bewohnte Stadt der USA. Das aber ändert nichts daran, dass Florida extrem jung ist: Erst seit 1821 ist das Territorium im US-Besitz. Als der heutige Sunshine State 1845 zum 27. Staat der USA erklärt wird, leben zwischen Pensacola und Key West lediglich 65 000 Menschen.

12. April 1861
Die Südstaaten greifen Fort Sumter in South Carolina an und lösen den Bürgerkrieg aus. In den nächsten vier Jahren sterben mehr als 600 000 Menschen.

DER AMERIKANISCHE BÜRGERKRIEG (1861–65)

Am 10. Januar 1861 verkündet Florida, sich aus dem Verbund der Vereinigten Staaten von Amerika zu lösen. Damit folgt der südöstlichste Staat einem Vorbild, das wenige Tage zuvor South Carolina und Mississippi abgegeben haben. Bald folgen Alabama, Georgia und Louisiana, die nach der Wahl von Abraham Lincoln zum Präsidenten allesamt befürchten, dass der Republikaner einen Erlass zur Abschaffung der Sklaverei verabschiedet. Im April haben sich bereits 13 der 15 Staaten,

in denen diese bislang erlaubt war, zu den Konföderierten Staaten von Amerika zusammengeschlossen. Die Südstaaten verlieren den Krieg, die Sklaverei wird abgeschafft und die 13 abtrünnigen Staaten gehören wieder zu den USA. In Florida selbst finden keine bewaffneten Auseinandersetzungen statt: Anders als in den übrigen Südstaaten, die sehr ländlich geprägt sind, überwindet es die Niederlage schnell. Florida erlebt binnen weniger Jahre einen explosionsartigen Anstieg der Bevölkerung, wird als Urlaubsparadies erkannt, von Eisenbahnlinien erschlossen und fortan als »Sunshine State« vermarktet.

»Confederate Flag«
Mit ihren 13 Sternen verweist die Südstaatenflagge auf ihre Mitgliedstaaten. Die Flagge ist heute ein sehr umstrittenes Symbol.

DIE EISENBAHN NACH KEY WEST (1912)

Als der steinreiche Industrielle Henry Flagler (1830–1913) im Jahr 1883 erstmals ein paar Winterwochen in Florida verbringt, ist ihm sofort klar, wo die Zukunft des Staates liegt. Flagler, der mit Öl zu Geld gekommen ist, erwirbt einige Eisenbahnlinien und führt diese zur Florida East Coast Railway zusammen. 1885 liegen bereits Gleise bis nach St. Augustine, bald ist auch West Palm Beach erschlossen. An vielen Orten lässt Flagler riesige Luxushotels bauen, wo viele Reiche aus dem kalten Norden fortan ihre Winter verbringen – und ein Vermögen dafür bezahlen. Als 1896 die Biscayne Bay und damit das heutige Miami erreicht ist, hat Flagler immer noch nicht genug: 1905 gibt er den Bau einer Serie von 42 Brücken in Auftrag, die bis nach Key West führen. Das monumentale Projekt gelingt, ist allerdings nicht von langer Dauer. Ein Hurrikan zerstört 1935 viele Brücken. Diese werden zwar wiederaufgebaut, doch die Zeichen der Zeit haben sich dahingehend gewandelt, dass fortan Autos darauf verkehren.

22. Januar 1912
Henry Flagler erreicht nach einer Investition von 50 Mio. Dollar als erster Passagier in seinem Privat waggon Key West per Zug.

MASSENFLUCHT AUS KUBA (1959)

April 1980
Nachdem einige Kubaner Zuflucht in einer Botschaft suchen, erklärt Fidel Castro, dass jeder Kuba verlassen dürfe. Hunderttausende machen davon bis Oktober Gebrauch.

Am 16. Februar 1959 übernimmt Fidel Castro das Amt des Ministerpräsidenten Kubas. Die Machtübernahme des Revolutionärs löst auf der Karibikinsel eine Massenflucht aus, die als »cuban exile« in die Geschichtsbücher eingeht. Obwohl Castro sich zunächst nicht als Kommunist definiert, beantragen Zehntausende überwiegend wohlhabende Kubaner Asyl in den USA – vor allem in Florida, dessen hinterster Außenposten Key West in der Luftlinie nur 170 km entfernt ist. Als Castro sich wenig später offen als Kommunist outet, fliehen ebenso wie nach der Invasion der Schweinebucht weitere Inselbewohner. Mitte der 1960er-Jahre haben sich in einem ehemals jüdischen Viertel westlich der City von Miami dermaßen viele Kubaner niedergelassen, dass der Volksmund von »Little Havana« spricht. Doch der Exodus geht weiter: Allein 1980 erreichen trotz Patrouillen durch die US-Küstenwache binnen weniger Wochen 125 000 Kubaner das Festland.

WALT DISNEY ERÖFFNET SEINEN ERSTEN THEMENPARK (1971)

Etwa 30 km südwestlich von Orlando empfängt Disney World am 1. Oktober 1971 erstmals seine Besucher. Diese müssen ein Eintrittsgeld von 3,50 Dollar entrichten. Als Gegenleistung finden sie Einlass in eine pastellfarbene Kunstwelt mit einer idealisierten Main-

In Little Havana leben heute noch zahlreiche Nachkommen der kubanischen Einwanderer

Micky Mouse und ihr Schöpfer Walt Disney in Orlandos Disney World

street, die direkt zu Cinderellas Schloss führt und von den unterschiedlichen Charakteren der Disney-Comics bevölkert wird. Inzwischen locken vier Themenparks und zwei Parks mit Wasser-Action Touristen aus aller Welt nach Orlando, die für ein Tagesticket mehr als 100 Dollar bezahlen. Walt Disneys Magic Kingdom durchbricht 2015 eine Schallmauer: Erstmals kommen 20 Mio. Menschen in diesen Park. Doch das ist nicht alles: Ganz Zentralflorida scheint auf dem besten Weg, in einen Vergnügungspark umgebaut zu werden. Eine Erfolgsgeschichte, die in die amerikanische DNA übergegangen ist: Anders sind mehr als 50 Mio. Besucher allein in den vier Disney-Parks nicht zu erklären.

Am Puls der Zeit

Sonne, Strand, Meer, Palmen – und alles, was der Mensch sonst noch zur Zufriedenheit braucht. Mit diesem Selbstbild gaukelt sich Florida vor, das Paradies auf Erden zu sein. Doch trotz aller Vorzüge ist die Sache nicht so einfach, denn der Sunshine State wird immer häufiger das Opfer von Naturgewalten. 2017 und 2018 sorgen die Hurrikane Irma und Michael für Zerstörungen von erheblichem Ausmaß. Erstgenannter Sturm allein hat in Florida 84 Menschenleben auf dem Gewissen, die Schäden belaufen sich auf astronomische 50 Milliarden Dollar. Versicherungen schätzen die Gefahren mittlerweile so hoch ein, dass sie kaum noch normale Policen für Boote und Häuser abschließen. So fällt ein dunkler Schatten auf das Paradies.

Apollo-11-Mission 1969: Buzz Aldrin neben der amerikanischen Flagge auf dem Mond

Der Mensch auf dem Weg zum Mond

Es ist ein Wettstreit zwischen Ost und West, der in den 1960er-Jahren den ganzen Planeten in Atem hält: Ist die Menschheit wirklich in der Lage, Astronauten zum Mond zu befördern? Und wer wird es zuerst schaffen? Die kommunistischen Sowjets? Oder die selbst erklärten Musterdemokraten aus den USA?

Die ersten beiden Runden des Systemkampfes gehen an die Sowjets: Am 4. Oktober 1957 gelingt es den Forschern, mit Sputnik 1 den ersten Satelliten in seine Umlaufbahn zu befördern. Am 12. April 1961 folgt in Person von Yuri Gagarin die Premiere eines Kosmonauten im Weltall. Diese Niederlagen scheinen die Amerikaner zu Höchstleistungen anzutreiben, denn als es um den nächsten Schritt geht, haben sie die Nase vorn.

VORBEREITUNG ZUR LANDUNG

So kündigen die Russen zwar mehrfach an, eine bemannte Rakete zum Mond zu schicken. Letztlich sagen sie diese aber wieder ab, um sich auf bemannte Raumfahrtstationen zu konzentrieren. So bleibt es den Amerikanern vorbehalten, das 1961 von Präsident Kennedy abgegebene Versprechen einzulösen. Mit Hochdruck arbeitet in Huntsville, Alabama, ein Team unter Leitung von Wernher von Braun an der Entwicklung immer leistungsfähigerer Raketen. Mit ihm will der umstrittene deutsche Forscher, den die Amerikaner nach Ende des Zweiten Weltkriegs abgeworben haben, das ultimative Ziel erreichen. Am 27. Januar 1967 aber schlägt zunächst das Schicksal zu: Bei einem Brand in der Apollo 1 kommen am Boden in Cape Canaveral drei amerikanische Astronauten ums Leben. Das Raketenprogramm wird kurzzeitig ausgesetzt, doch schon im Dezember 1968 gelingt tatsächlich ein erster bemannter Flug, bei dem die Besatzung den Erdtrabanten zehnmal umkreist.

APOLLO 11 IM KENNEDY SPACE CENTER

Von nun an sind alle Augen auf die NASA-Basis an der Ostküste Floridas gerichtet. Doch es sollte noch bis zum 16. Juli 1969 dauern, ehe die mit Neil Armstrong, Michael Collins und Buzz Aldrin besetzte Apollo 11 an einer Abschussrampe im Kennedy Space Center (S. 149) gezündet wird. Als sie nach etwas mehr als drei Tagen landet, erfüllt sich ein Traum: Armstrong wird der erste Mensch auf dem Mond. An den Fernsehgeräten weltweit wohnen 723 Mio. Zuschauer dem Ereignis bei.

Es mag der spektakulärste Abschnitt sein, doch ohne die Rückkehr der Crew zur Erde bleibt die Mission unvollständig. Und auch der zweite Teil der Reise gelingt: Am 24. Juli taucht die Kapsel der Astronauten sicher in den Pazifischen Ozean ein. Bis 1972 sollten die USA weitere fünf Mondlandungen durchführen. Bürgern der Sowjetunion indes bleibt dies bis zum Untergang des Staates versagt. Allerdings plant das Russland der Gegenwart heute wieder bemannte Flüge zum Mond. Diese sollen um das Jahr 2030 stattfinden. Teil der Mission ist die Prüfung, ob die Amerikaner tatsächlich auf dem Trabanten waren. So ganz vorbei scheint der Kampf um die Vorherrschaft also nie. Nachdem die NASA ihr bemanntes Space-Shuttle-Programm 2011 eingestellt hat, plant auch sie wieder bemannte Flüge ins All – natürlich lange vor den Russen.

Kennedy Space Center

Auf dem weitläufigen Gelände befinden sich »Rocket Garden«, Besucherzentrum und Museum. Alle Informationen zum Besuch des Kennedy Space Center S. 149.

Mit Rennwagen und Raketen durch Floridas Themenparks

Eine ausgewachsene Giraffe vor der Kulisse einer Achterbahn? Dieser Anblick mag befremdlich sein, doch in Florida ist er nicht ungewöhnlich. Der Themenpark Busch Gardens in Tampa hat die Kombination von weitläufigem Safaripark und schnellen Fahrgeschäften sogar zu seinem Geschäftsmodell gemacht. Knapp 4,5 Mio. Besucher haben Jahr für Jahr ihren Spaß daran.

Blick aus der Vogelperspektive auf den Themenpark Busch Gardens, Tampa

Auch in Disneys Magic Kingdom (S. 142) geht es nicht allein darum, lebendig gewordenen Comicfiguren die Hand zu schütteln und Cinderellas Schloss zu begutachten. Nein, nachdem die Besucher Anreise und Einlass hinter sich gebracht haben, stellen sie sich geduldig an, um im »Space Mountain« mit 45 km/h in einer offenen Kabine durch einen künstlichen Berg zu donnern. Epcot (S. 144) setzt noch einen drauf. Im Disney-Park für Erwachsene dreht sich vordergründig alles um Wissenschaft und die Vielfalt unseres Planeten, doch auch hier nehmen die »thrill rides« eine zentrale Rolle ein. Besucher mit einem intakten Herz-Kreislauf-System können an der Simulation eines Raketenstarts teilnehmen oder sie entscheiden sich für die Testfahrt in einem Rennwagen mit etwas über 100 km/h.

IMMER NEUE KICKS

Außerhalb des Disney-Universums sieht es nicht viel anders aus. Allerorten locken die Kunstwelten mit Nervenkitzel – seien es abenteuerliche Wasserrutschen (aquatica.com), Wildwassertouren in Baumstämmen (buschgardens.com) oder ein Katapult zum freien Fall (Slingshot in den Universal Studios, www.universalorlando.com), der auch

Hartgesottenen den Angstschweiß ins Gesicht treibt. Das Verlangen nach immer neuen Kicks scheint kein Ende zu nehmen. So wundert es nicht, dass sich die schnellste Achterbahn ausgerechnet in Seaworld (seaworld.com/orlando) befindet. Der Park war ursprünglich der Zurschaustellung von Delfinen, Walen und anderen Meeresbewohnern vorbehalten, doch seitdem in Gefangenschaft gehaltene Tiere auch in den USA immer weniger populär werden, bedarf es anderer Anreize für den Kauf eines Tickets. Die »Mako« getaufte Bahn erreicht bei einer Fallhöhe von 61 Metern ein Maximum von 118 km/h.

MIT TROLLEYS ZU DEN ATTRAKTIONEN

Längst haben ursprünglich in Themenparks eingesetzte Transportmittel auch den Alltag erfasst. Von der Shopping Mall bis zur Führung durch Nationalparks werden allerorten Trolleys eingesetzt, um Besucher vom Parkplatz zu der Attraktion zu befördern. Die lauffaulen Amerikaner erwarten dies förmlich. Können sie nicht irgendwo einsteigen, wittern sie sofort schlechten Service. Ein höchst amerikanisches Phänomen.

Der Hogwarts Express dampft wie gewohnt von Gleis 9 3/4 los

In der Dampflok nach Hogwarts

All die Superlative ändern nichts daran, dass das wohl schönste Fahrgeschäft der Kunstwelten Floridas recht konventionell und höchst stilvoll ist: Angetrieben von einer Dampflok und mit Videoprojektionen aus der Welt von Zauberer Harry Potter ausgestattet, pendelt der Hogwarts Express ganz gemächlich zwischen den beiden Parks der Universal Studios hin und her.

Traumhafte Tage in Amerikas Tropen

Eine Autofahrt von Miami nach Key West gehört dank der 42 Brücken durch das Karibische Meer zu den aufregendsten Strecken der Welt. Nach dem Besuch von Key West reihen sich in rascher Abfolge mit den Everglades, der Westküste und Orlando weitere Highlights aneinander.

Die Tour auf einen Blick:

Start: Miami Beach **Ziel:** Orlando
Gesamtlänge: 1135 km
Reine Fahrzeit: 15 Std. (6-Tages-Tour)
Orte entlang der Route: Miami Beach – Florida Keys – Key Largo – Seven Mile Bridge – Key West – Islamorada – Everglades – Naples – Sanibel Island – Clearwater Beach – Tampa – Orlando mit Universal Studios

E1 VON MIAMI BEACH BIS KEY LARGO
(120 km/2 Std.)

Korallen und Salzwasserkrokodile gehören zu den ersten Eindrücken von Floridas Inselwelt

Der Verkehr in Miami ist eine Herausforderung. Besonders die US1 scheint auf ihrem Weg nach Süden immer enger und voller zu werden. Doch was soll's? Schließlich ist es nicht mehr weit bis zur Brücke nach

Der John Pennekamp Coral Reef State Park nördlich von Key Largo

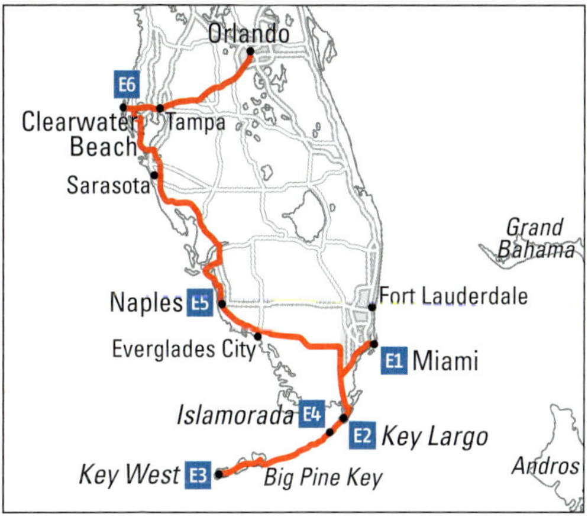

ADAC Traumstraße: Etappen 1 bis 6 (Detailplan siehe Rückseite Faltkarte)

Key Largo (S. 92). Dank des gleichnamigen Films mit Humphrey Bogart und Lauren Bacall besitzt der Name bis heute eine gewisse Magie. Und dieser Magie wird am ehesten der John Pennekamp Coral Reef State Park gerecht (S. 93): Taucher und Schnorchler kommen hierhin, um 6 km abseits an der Küste einen ersten Blick auf das 270 km lange Korallenriff zu werfen. Wer das Wasser scheut, kann sich beim selben Anbieter (pennekamppark.com, S. 94) an Bord eines Glasbodenbootes begeben. Dokumentationszentrum, Naturpfad und ein kleiner Strand runden den Parcours durch die Inselwelt ab. Doch Vorsicht beim Baden: Die Küste gehört zum Revier der Salzwasserkrokodile. Weil zum Lebensgefühl der Keys auch die rituelle Beobachtung des Sonnenuntergangs gehört, bietet sich für die frühen Abendstunden die Reservierung eines Tisches im Sundowner's an (sundownerskeylargo.com, S. 93), wo frisches Seafood zu guten Preisen serviert wird.

Übernachten
Das Kona Kai (www.konakairesort.com, S. 104) ist eine hübsche Anlage in Privatbesitz, wo Gäste zum Sonnenaufgang im Kajak nach Delfinen fahnden können.

E2 VON KEY LARGO BIS KEY WEST

(160 km/2,5 Std.)

Über endlos scheinende Brücken durch azurblaue Gewässer in Hemingways bunte Heimat

Der Tag beginnt mit der Fahrt zu Robbie's Marina (www.robbies.com, S. 96) auf Lower Matecumbe. Der kunterbunte Betrieb sieht aus, als wäre er von einem Haufen Hippies ins Leben gerufen worden. Doch das Ausflugsan-

Die Seven Mile Bridge verbindet Marathon mit Bahia Honda

gebot ist mehr als solide: Zur Wahl stehen eine geführte Kajaktour zur unbewohnten Insel Lignumvitae Key und eine eigenständige Paddeltour durch die Mangroven. Weiter in Richtung Südwesten scheint das Azurblau des Wassers immer intensiver zu werden. Auch die Distanzen zwischen den Inseln werden größer. Bald kündigt sich mit der Seven Mile Bridge (S. 95) das Highlight der Fahrt an. Die Brücke verbindet Marathon mit Bahia Honda und das Wasser zu allen Seiten löst euphorische Gefühle aus. Nun ist es nicht mehr weit bis Key West (S. 98) – ein Mythos nicht nur für Hemingway-Fans, denn die immer noch dörflich anmutende Stadt ist einzigartig in den USA: karibisches Flair, tropische Vegetation, frei umherlaufende Hähne und schillernde Gestalten. Einfach drauflosgehen ist am schönsten, durchs Bahama Village zum Higgs Beach – und am Abend auf jeden Fall auf ein paar Drinks in die Bar Green Parrot (www.greenparrot.com, S. 102).

Übernachten
Die sechs Häuser von Historic Key West Inns (www.historickeywestinns.com) sind wunderbar für ein authentisches Inselgefühl.

E3 VON KEY WEST BIS ISLAMORADA

(130 km/2 Std.)

Strände, State Parks und schrullige Bars locken links und rechts des Highway No. 1

Nach einem tropischen Frühstück unter freiem Himmel im Blue Heaven (www.blueheavenkw.com, S. 101) ist ein Abstecher zu Hemingways Villa (S. 99) unverzichtbar. Zur Linderung des Abschiedsschmerzes von Amerikas Tropen hilft ein Stück Key Lime Pie bei Kermit's (www.keylimeshop.com), dazu ein flüssiger Gruß von der großen Nachbarinsel bei der Cuban Coffee Queen (www.cubancoffeequeen.com). Danach heißt es: zurück in Richtung Festland. Doch es warten noch ein paar Sehenswürdigkeiten. Big Pine Key etwa ist durch seine Nord-Süd-Ausrichtung eine geräumige Wohninsel, die einen Blick auf den Inselalltag erlaubt. Nächster Stopp ist Bahia Honda Key, eine wunderbare Insel mit Sandstränden, flachem Wasser, seltenen Pflanzen und einem unvergleichlichen Blick auf die Ruine der alten Eisenbahnbrücke. Tagesziel ist das lang gezogene Eiland, wo sich das hübsche Islander Resort zur Übernachtung anbietet (www.islanderfloridakeys.com).

Einkehr
Der schrullige No Name Pub (nonamepubestore.com, S. 97) auf Big Pine Key führt seit 1931 die Menschen in Versuchung. Von der Decke hängen vergilbte Dollarnoten, auf den Hockern sitzen wahre Charaktere.

E4 VON ISLAMORADA ÜBER EVERGLADES CITY BIS NAPLES (280 km/3,5 Std.)

Tapetenwechsel im mondänen Naples mit einem Abstecher in die wunderbare Welt der Everglades

Ein früher Start ist heute hilfreich. Ziel ist zunächst der Tamiami Trail, die erste Verbindung zwischen Tampa und Miami, die quer durch die Everglades führt. Unterwegs bieten sich Zwischenstopps im kleinsten Postamt der USA (Ochopee, S. 111) und im Big Cypress Swamp Welcome Center (S. 111) an, wo erste Blicke auf Alligatoren und Manatis warten. Weiter geht es ins verschlafene Everglades City (S. 110), dessen Name eine dreiste Übertreibung ist. Von hier aus stechen Ausflugsboote in See (www.evergladesnationalparkboattoursgulfcoast.com), um die Welt der 10 000 Islands zu erkunden, wo Begegnungen mit unzugänglichen Mangroveninseln,

Pelikankolonie im Everglades National Park

Seeadlern und einer Kolonie weißer Pelikane bevorstehen. An Bord sind in der Ferne bereits die Hochbauten der Hotels von Marco Island zu sehen – so nah ist die Zivilisation dem Nationalpark auf die Pelle gerückt. Das Tagesziel Naples (S. 113) ist nur einen Steinwurf entfernt. In dem mondänen Küstenort stellen erfolgreiche Amerikaner vor allem aus dem Mittleren Westen ungehemmt ihren Reichtum zur Schau. Ein vorzüglicher Ort, um sich im Schatten der Palmen in die Rolle des Beobachters zurückzuziehen. Wenn sich langsam der Sonnenuntergang ankündigt, ist ein Spaziergang über den lang gezogenen Sandstrand konkurrenzlos gut. Nicht selten sind am Horizont Delfine zu sehen.

Ist unbedingt einen Stopp wert: der weiße Sandstrand Siesta Beach in der Nähe von Sarasota

E5 VON NAPLES BIS CLEARWATER BEACH

(270 km/3 Std.)

Auf dem Weg zu Floridas breitesten Stränden warten charmante Inseln und ein Märchenschloss

Nach einem Trip voller Kontraste wird es in Richtung Norden etwas unaufgeregter – aber nicht weniger hinreißend. Bei Bonita Springs biegt eine Straße in Richtung Küste ab, die fortan über eine ganze Inselkette bis nach Fort Myers Beach führt. Das wahrscheinlich schönste Eiland ist nur über eine bogenförmige Mautbrücke erreichbar, aber die Überfahrt nach Sanibel (S. 117) lohnt sich. Doch auch Sarasota will beachtet werden: Hier hat der Zirkusunternehmer John Ringling in den 1920ern das Märchenschloss Ca' d'Zan (S. 125) errichten lassen. Auch hat er in Europa alles an Kunst gekauft, was auf dem Markt war. So kommt es, dass sich unter den Schätzen in seinem Privatmuseum auch großformatige Werke von Rubens befinden. Über die sehenswerte Sunshine Skyway Bridge geht die Reise am späten Nachmittag nach Clearwater Beach (S. 128), wo der Strand am breitesten ist und wo Hobbystatistiker festgehalten haben, dass hier an 768 aufeinanderfolgenden Tagen die Sonne geschienen hat. Weltrekord!

Einkehr
Bei Frenchy's Rockaway Grill (frenchysonline.com, S. 129) huldigt das Publikum Abend für Abend bei Bier und Fischbrötchen dem Sonnenuntergang.

E6 VON CLEARWATER BEACH BIS ORLANDO

(175 km/2 Std.)

Nach Floridas Stränden und Naturschätzen scheinen Orlandos Themenparks wie ein Paralleluniversum

Oase der Ruhe: die Harry P. Leu Gardens in Orlando

Zum Abschluss hat Florida noch einmal einen radikalen Tapetenwechsel im Angebot. Zunächst aber steht ein Zwischenhalt in Tampa (S. 130) an, einer sympathischen, entspannten Großstadt. Für den Schnelldurchgang bietet sich die Waterfront mit dem hübsch gemachten Riverwalk an. Von hier aus fährt eine kostenlose Straßenbahn ins alte Kubaner-Viertel Ybor City (S. 131). Nun geht es in die Welthauptstadt des Vergnügens, wie Orlando (S. 140) sich seit der Eröffnung des ersten Disney-Parks stolz bezeichnet. In gewisser Weise mag das stimmen: Nirgendwo existieren mehr Themenparks, die Comicfiguren, Filmen oder anderen Disziplinen der Popkultur gewidmet sind. Für Amerikaner gehört der Besuch von Disney World zum Pflichtprogramm, wobei ausgerechnet Magic Kingdom nüchtern betrachtet eher etwas für Kleinkinder ist. Die Universal Studios (S. 146) sollten dem Kulturverständnis von Europäern eher gerecht werden. Auch nach dem Besuch einer dieser Kunstwelten bleibt Orlando interessant: Der International Drive etwa verrät viel über die amerikanische Seele: Kettenrestaurants, Vergnügungseinrichtungen und eine ungezählte Menge von Strip Malls reihen sich hier aneinander. Schnäppchenjäger kommen auf jeden Fall in den Premium Outlets (www.premiumoutlets.com, S. 148) auf ihre Kosten. Orlando aber hat auch seine zarten Seiten. Die Leu Gardens sind eine Oase der Ruhe, der Stadtteil Winter Park ist hip und fußgängerfreundlich – und die Bootstour (www.scenicboattours.com, S. 142) über die dortige Seenkette ist geradezu bezaubernd.

Einkehr
Das Columbia in Tampas Ybor City (www.columbia-restaurant.com, S. 132) kultiviert seit 110 Jahren und in fünfter Generation spanische Kochkunst.

Zurück zum Ausgangspunkt: Der Weg zurück nach Miami Beach ist unkompliziert: Von Orlando führt der gut ausgebaute Florida's Turnpike auf 400 km binnen vier Stunden zum Ausgangspunkt der Tour. Aus Kostengründen ist es sinnvoll, den Mietwagen am Ort der Anmietung abzugeben.

Di DIAMONDS INTERNATIONAL
TAG HEUER
Recycle
WEEKLY

Unterwegs

Spannende Metropolen, charmante Städtchen wie Key West, eine tropische Inselkette, herrlich weitläufige Strände, Südstaatenflair – und überraschend viel Kultur. Mit diesen Reizen wird Florida zu einem wunderbaren Revier für eine ausgedehnte Entdeckungsreise

Das will ich erleben

Strand, Sonne und Meer sind als Hauptanreize für einen Besuch schwer von der Hand zu weisen. Doch Florida ist ehrgeizig und erweist sich voller Tatendrang. Deshalb hat der Sunshine State inzwischen weitaus mehr zu bieten als die Vorzüge eines Badeurlaubs: ursprüngliche Natur in den State Parks, eine aufregende Kunstszene, schmackhaftes Street Food, süffiges Craft-Bier und gigantische Einkaufszentren. Nicht zu vergessen die vielen Themenparks, die Florida zum Hotspot von Spaß und Unterhaltung machen. Viel Abwechslung für einen gelungenen Urlaub.

23

Große Kunst

Florida ist oberflächlich und hat nichts an Kunst und Kultur zu bieten? Das war vielleicht einmal so in der Vergangenheit. Mittlerweile lockt das Land des Sonnenscheins mit einigen Kunstsammlungen, die ihresgleichen auch in Europa suchen.

2

Shop till you drop

Die Jagd nach Schnäppchen ist für Amerikaner so etwas wie ein Volkssport. Aber auch Europäer stürzen sich gern auf das grenzenlose Angebot an Kleidung und anderer Waren – besonders wenn ein großes »Sale«-Schild im Schaufenster hängt.

Sensationelle Strände

Landvermesser haben die Länge der Strände Floridas auf 663 Meilen oder 1067 km festgelegt. Einige Abschnitte ragen durch besondere Eigenschaften aus der Masse heraus. Und einige wurden als die schönsten Strände der Vereinigten Staaten deklariert. Einsamkeit und Trubel: Man findet beides an Floridas Küste.

Kleine Inselreiche

Florida zählt 4510 Inseln mit einer Größe von wenigstens 4 ha, von denen einige bis heute nicht besiedelt sind. Andere hingegen dienen einer besonderen Bestimmung oder sind in privaten Händen. Das verspricht jede Menge einzigartige Erlebnisse.

Unberührtes Florida

Ob Küstenlandschaft, Marschland, Pioniervilla oder unberührte Quelle: State Parks und Naturreservate sind der wahre Schatz des Sunshine State.

Greifbare Geschichte

Florida mag noch nicht lange besiedelt sein. Das bedeutet aber keineswegs, dass hier nicht schon jede Menge Geschichte geschrieben worden wäre. Begeben Sie sich auf die Spuren bedeutender Persönlichkeiten aus Literatur, Politik und Wirtschaft.

Spaß für Kinder

Die USA sind ein ungemein kinderfreundliches Land. So versteht es sich von selbst, dass sich der Nachwuchs auch auf altersgerechtes Entertainment freuen kann.

Grenzenlose Unterhaltung

Orlando ist die »fun capital of the world«. Übersetzt bedeutet dies, dass hier die weltweit größte Dichte an Themenparks auf Besucher wartet. Nicht billig, aber ein Muss, wenn man schon einmal in dieser Gegend ist.

Wunderbare Wasserlandschaften

Zwischen dem Panhandle und den Keys dreht sich das ganze Leben ums Wasser. Das verspricht Vergnügen im Alltag – und spannende Erlebnisse für ganz besondere Augenblicke.

Ein gefundenes Fressen

Die Qualitäten der amerikanischen Haute Cuisine sind unbestritten. Aufregender und günstiger aber sind die kulinarischen Erlebnisse auf der Straße. Neuester Trend sind Markthallen nach südeuropäischem Vorbild. Die Gerichte kommen hier direkt frisch vom Bauernhof auf den Tisch (»farm to table«).

Auf den Spuren der Pioniere

Visionäre wie Henry Flagler haben die Entwicklung des Tourismus in Florida rapide vorangebracht. Die Prachtbauten aus der Gründerzeit erinnern an eine Periode des Aufbruchs.

Miami und die südliche Atlantikküste

Glamourös, cool und voller Energie, beansprucht die Stadt den Status einer tropischen Metropole

Als Urlaubsregion ist Südflorida ungeheuer vielseitig: Nach der Ankunft in Miami steht das süße Strandleben von South Beach in Konkurrenz zur Entdeckung einer kulturellen und kulinarischen Vielfalt. Beschaulicher geht es da etwas weiter nördlich in Fort Lauderdale zu. Der so dicht besiedelte Süden Floridas endet erst in Palm Beach, wo die Industriemagnaten des Landes weitgehend unter sich sind.

In diesem Kapitel:

ADAC Top Tipps:

1 Little Havana, Miami
| **Stadtteil** |
Zigarren, Salsa und Einwanderer der ersten Generation: Die Calle Ocho steht für kubanische Kultur mit karibischer Lebensfreude. 73

2 Art Deco Historic District, Miami Beach
| **Stadtbild** |
Die pastellfarbenen Bauten in Miami Beach bilden ein weltweit einzigartiges Ensemble, das vor allem beim abendlichen Flanieren einen unwiderstehlichen Charme entwickelt. 77

ADAC Empfehlungen:

1 Pérez Art Museum Miami (PAMM)
| **Kunstmuseum** |
Das PAMM verfügt über eine grandiose Sammlung an Gegenwartskunst, die in einem Bau von Herzog & de Meuron inszeniert wird. 70

2 Key Biscayne Eco Adventure, Miami
| **Kajaktour** |
Nur ein paar Kilometer von South Beach entfernt ermöglicht diese ökologisch verträgliche Kajaktour durch die Mangroven einen Blick auf die Skyline von Miami. 75

③ Lincoln Road Mall, Miami Beach

| Fußgängerzone |

Als eine der wenigen urbanen Fußgängerzonen der USA lädt die Straße zu Open-Air-Shopping zwischen Art-déco-Bauten. 80

④ Bonnet House Museum & Gardens, Fort Lauderdale

| Museum |

Das ehemalige Familienanwesen mit imposanter Villa und tropischen Gärten ist der letzte nicht entwickelte Küstenabschnitt zwischen Miami und Palm Beach. 81

⑤ Sawgrass Mills, Fort Lauderdale

| Einkaufszentrum |

Für den Besuch dieses großen Einkaufszentrums mit über 350 Geschäften und vielen Outlet-Angeboten planen Amerikaner schon mal einen ganzen Tag ein. 82

⑥ The Palms, Miami Beach

| Hotel |

Herrliches Hotel in Laufdistanz zu South Beach mit modernen Zimmern, tropischem Garten, Pool und direktem Strandzugang. 89

⑦ Grandview Gardens, Palm Beach

| Hotel |

Wunderbar intimes Hotel mit nettem Service unter deutschsprachiger Leitung in einem denkmalgeschützten Bezirk von Palm Beach. 89

1 Miami

Metropole mit viel Kultur und Erfindungsreichtum

Kein schlechter Ausgangspunkt: Blick vom Schnellboot auf die imposante Skyline

i Information

- Besucherzentrum, 701 Brickell Ave (Suite 2700), Tel. 305/539 30 00, www.miamiandbeaches.de, Mo–Fr 8.30–18 Uhr
- Parken siehe S. 71, 73

Sonne, Strand, Meer, schöne Menschen und geschmackvolle Gebäude. In der Vorstellung von Menschen, die noch nie oder schon lange nicht mehr vor Ort waren, existiert oft ein ziemlich klischeehaftes Bild von Miami. Tatsächlich mag sich die Stadt einst mit der Rolle eines oberflächlichen Lebensraums für Touristen und Pensionäre begnügt haben. Mittlerweile aber ist Miami zu einer vollwertigen Metropole gereift. Die Küstenstadt ist Mittelpunkt eines Ballungsraums mit mehr als 6 Mio. Einwohnern. Sie versteht sich als Schaltstelle, an der die Volkswirtschaften Nord- und Südamerikas zusammenfinden. In In-Vierteln wie Brickell am Miami River schießen fast täglich neue Wolkenkratzer aus dem Boden. Die unzähligen Einwanderer leisten in Little Havana oder Little Haiti Beiträge zum Erhalt der kulturellen und kulinarischen Vielfalt. Natürlich aber spielen auch Konsum und Hedonismus eine ungebrochen wichtige Rolle. Das wird am deutlichsten im funkelnden Design District und den

Plan S. 68/69

vielen Shopping Malls. Sogar Downtown Miami, das lange Zeit von leblosen Straßenzügen und Kriminalität gebeutelt wurde, konnte in jüngerer Vergangenheit nicht zuletzt dank des Museum Park und der umgebauten Waterfront erfolgreich wiederbelebt werden. Heute erinnern nur noch ein paar State Parks und einige unbewohnte Inseln daran, dass Miami zu Beginn des 20. Jh. noch ein weitgehend weißer Fleck auf der Landkarte war. All das ergibt in der Summe eine atemberaubende und noch immer unfertige Stadt, die bei jedem Besuch ein anderes Gesicht zeigt. Für die Zukunft ist sehr zu hoffen, dass das wachsende Verkehrsproblem ausreichende Beachtung findet.

Downtown und Brickell

Miamis langjähriges Sorgenkind erhält eine zweite Chance

Egal ob unter dem Namen Downtown oder Central Business District: Die Innenstadt von Miami kann mit anderen amerikanischen Metropolen nicht mithalten. Doch die Lage bessert sich rasant, seit am Wasser Museum Park und Bayfront Park mit einer wachsenden Zahl von Attraktionen angelegt wurden. Rund um die Flagler Street und den ersten Entwurf einer City mag der Einzelhandel auch weiterhin vor sich hindümpeln. Doch südlich des Miami River lockt das aufstrebende Finanzviertel Brickell mit dem City Center und der angesagten Food Hall La Centrale. Hier wächst die Wohnbevölkerung seit 2000 explosionsartig, wobei vor allem Wohlhabende in die urbane Gegend ziehen, die des Pendelns müde sind.

Sehenswert

1 Freedom Tower

| Architektur |

Als einer der wenigen Wolkenkratzer der ersten Stunde blickt der mit Stilelementen des spanischen Barocks 78 m in die Höhe ragende Turm auf eine wechselvolle Geschichte zurück: Nach seiner Fertigstellung 1925 diente er der Redaktion des »Miami Herald«. Später wurden hier die Akten der Kubaner bearbeitet, die vor Fidel Castro

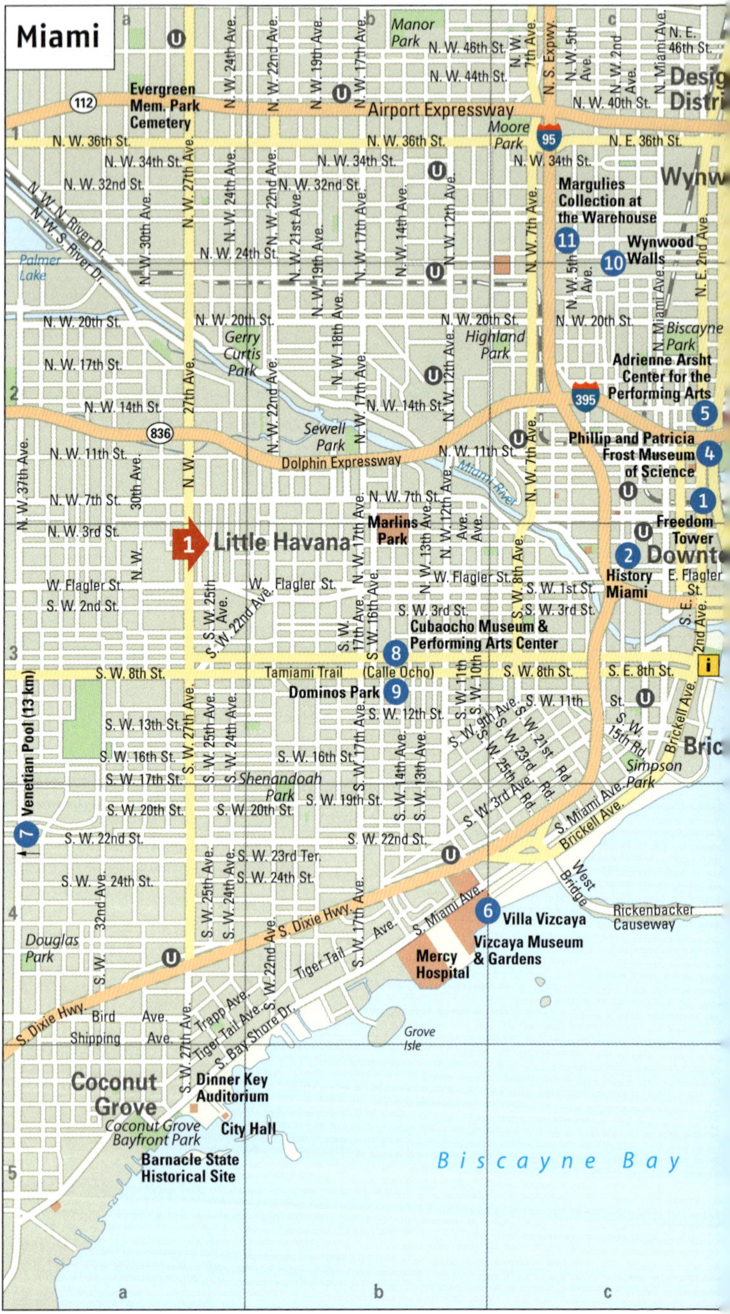
Miami
Evergreen Mem. Park Cemetery
Airport Expressway
Manor Park
Moore Park
Margulies Collection at the Warehouse
Wynwood Walls
Palmer Lake
Gerry Curtis Park
Highland Park
Biscayne Park
Adrienne Arsht Center for the Performing Arts
Phillip and Patricia Frost Museum of Science
Sewell Park
Dolphin Expressway
Miami River
Little Havana
Marlins Park
Freedom Tower
History Miami
Cubaocho Museum & Performing Arts Center
Tamiami Trail (Calle Ocho)
Dominos Park
Shenandoah Park
Simpson Park
Venetian Pool (13 km)
Douglas Park
S. Dixie Hwy.
Villa Vizcaya
Vizcaya Museum & Gardens
Mercy Hospital
Rickenbacker Causeway
West Bridge
Grove Isle
Coconut Grove
Dinner Key Auditorium
City Hall
Coconut Grove Bayfront Park
Barnacle State Historical Site
Biscayne Bay
N. W. 36th St.
N. W. 34th St.
N. W. 32nd St.
N. W. 24th St.
N. W. 20th St.
N. W. 17th St.
N. W. 14th St.
N. W. 11th St.
N. W. 7th St.
N. W. 3rd St.
W. Flagler St.
S. W. 2nd St.
S. W. 8th St.
S. W. 13th St.
S. W. 16th St.
S. W. 17th St.
S. W. 20th St.
S. W. 22nd St.
S. W. 24th St.
N. W. 27th Ave.
N. W. 37th Ave.
Brickell Ave.
S. Miami Ave.
Bird Ave.
Shipping Ave.
Tiger Tail Ave.
S. Bay Shore Dr.

Biscayne Bay
Julia Tuttle Causeway
195
Mount Sinai Hospital
Arthur Godfrey Rd.
Rd.
Alton
Indian Creek
Indian Creek Dr.
6
Miami
Sunset Islands
Rd.
Collins C.
Collins Ave.
Miami Museum of Modern Art
Di-Lido Island
San Marino Island
Rivo-Alto Island
Belle Isle
Alton
Holocaust Memorial
Dade Blvd.
3
Municipal Park
Ave.
Biscayne Island
San Marco Island
Venetian Causeway
Venetian Causeway
Lincoln Rd. Mall
1
Jungle Island
Pérez Art Museum Miami
3
Venetian Islands
Rd.
15th St.
Ave.
Beach
Museum Park
Watson Island
Hibiscus Island
Flagler Mem. Mon.
Flamingo Park
Washington
Collins
Lummus
Marine Passenger Terminals
Gen. Douglas MacArthur Causeway
Palm Island
Star Island
Beach
Alton
2
Art Deco Historic District
Park
Bay Front Park
Port of Miami
Main Channel
5th
St.
Port of Miami
Meloy Channel
Alton Rd.
Collins Ave.
Miami
Claughton Island
Lummus Island
Channel
Government Cut
Fisher Island
Morris Cut
Bay Bridge
913
Rickenbacker
Duck Lake
Virginia Key
Atlantischer Ozean
Miami Seaquarium
Causeway
Bear Cut
913
Key Biscayne
2
0
1,5 km
d
e
f
1
2
3
4
5

in die USA geflohen sind. Heute gehört der Bau zum Miami Dade College und beherbergt dessen Museum für lateinamerikanische Kunst und Design. Im Hochparterre befindet sich das Wandgemälde »New World Mural, 1513«.

■ 600 Biscayne Blvd, Tel. 305/237 77 00, www.mdcmoad.org, Do–So 12–17 Uhr, Eintritt frei, Museum Mi–So 13–20 Uhr, 12 $

2 History Miami

| Museum |

Verschiedene Ausstellungen über die kurze, aber wechselvolle Historie der multikulturellen Stadt. Sehr populär sind die geführten Touren durch einzelne Stadtviertel mit einem renommierten Historiker.

■ 101 West Flagler St, Tel. 305/375 14 92, www.historymiami.org, Di–Sa 10–17, So 12–17 Uhr, 10/5 $

Im Blickpunkt

Art Basel

Miami galt lange als kulturelles Brachland. Das hat sich Anfang des Jahrtausends gründlich geändert. Seit 2002 richtet die Stadt mit ihrem Ableger der Art Basel eine der weltweit bedeutendsten Messen für Gegenwartskunst aus. Die gesamte Kunstwelt lässt es sich im sonst weithin tristen Dezember in der Sonne Miamis gut gehen. Die neue Aufmerksamkeit darf auch als Initialzündung für den Wandel einst verlassener Lagerhallenbezirke wie Wynwood zu angesagten Vierteln mit Street Art und Galerien gelten. Das PAMM (S. 70) deckt den musealen Part der Gegenwartskunst ab.

www.artbasel.com/miami-beach

3 Pérez Art Museum Miami (PAMM)

| Kunstmuseum |

1 *Hochklassige Gegenwartskunst in kongenialem Ambiente*

Durch die Organisation der Messe Art Basel Miami befindet sich die Stadt seit 2002 auf dem Radar der Kunstwelt. Seit der Fertigstellung dieses Museumsneubaus von Herzog & de Meuron im Jahr 2013 besitzt sie auch ein tonangebendes Haus für Gegenwartskunst. Provokant, avantgardistisch, unterhaltsam und hochgradig ästhetisch.

■ 1103 Biscayne Blvd, Tel. 305/375 30 00, www.pamm.org, Fr–Di 10–18, Do 10–21 Uhr, 16/12 $ (kostenl. 1. Do im Monat)

4 Phillip and Patricia Frost Museum of Science

| Museum |

Unterhaltsames Wissenschaftsmuseum mit einem neuartigen Raumkonzept: Auf sechs offenen Etagen locken vom Aquarium über ein Planetarium bis hin zu Labors und Ausstellungsflächen diverse Attraktionen. Ziemlich hochpreisig.

■ 1101 Biscayne Blvd, Tel. 305/434 96 00, www.frostscience.org, tgl. 9.30–18 Uhr, 30/21 $

5 Adrienne Arsht Center for the Performing Arts

| Konzerthaus |

Miami versteht sich als Stadt, in der fast alles möglich ist. Ein Konzerthaus nach einem Entwurf des argentinischen Stararchitekten César Pelli steht da gut zu Gesicht. Zu sehen und zu hören sind die Großen aus Musical, Ballett, Jazz und Klassik.

■ 1300 Biscayne Blvd, Tel. 305/949 67 22, www.arshtcenter.org, kostenl. Führungen Mo, Sa 12 Uhr

History Miami: Ausstellung über die Geschichte der multikulturellen Stadt

Verkehrsmittel

Zusätzlich zu den Hochbahnlinien verkehren im Großraum Miami 95 Buslinien. Einzelfahrten kosten ab 2,25 $, die Abrechnung mehrerer Fahrten erfolgt über eine Easy Card, die an ausgesuchten Haltestellen erhältlich ist. So ist es möglich, aber auch zeitaufwendig, günstig von A nach B zu gelangen.

ADAC *Mobil*

Drei kostenlose **Hochbahnlinien** verbinden vollautomatisch die wichtigsten Punkte miteinander. Damit übernimmt der **Metro Mover** eine wichtige Funktion im öffentlichen Nahverkehr. Die Züge fahren auf einem Streckennetz von 7,1 km insgesamt 20 Stationen an, die sich vom Museum Park über Downtown und Brickell bis zum Financial District erstrecken.
www.miamidade.gov

Parken

In den dicht bebauten und pulsierenden Stadtteilen sind viele Tiefgaragen und Parkhäuser vorhanden. ■ Downtown und Brickell, Plätze in zentraler Lage: 15–20 $/Tag

Restaurants

€ | La Centrale at Brickell City Centre Hübsch gestaltete Food Hall mit mediterraner Einrichtung und italienischen Waren, die wahlweise in einer Markthalle, im Restaurant oder in der Enothek aufgetischt werden. ■ 601 S Miami Ave, www.lacentralemiami.com, tgl. 7.30–21 Uhr, Plan S. 68/69 c3

€–€€ | Verde Hübsch gestaltetes Lokal im Pérez Art Museum Miami (PAMM), das sich auf gesunde Gerichte konzentriert und tolle Salate in allen Variationen bietet. ■ 1103 Biscayne Blvd, Tel. 786/345 56 97, www.pamm.org, Fr–Di 11–17, Do 11–21 Uhr, Plan S. 68/69 d2

Einkaufen

Bayside Marketplace Einkaufszentrum unter freiem Himmel, das auch stark von den Passagieren der ganz in der Nähe anlegenden Kreuzfahrtschiffe frequentiert wird. ■ 401 Biscayne Blvd, Tel. 305/577 33 44, www.baysidemarketplace.com, Mo–Do 10–22, Fr, Sa 10–23, So 11–21 Uhr, Plan S. 68/69 d3

Coconut Grove

Stimmungsvolles Viertel mit bewegter Vergangenheit

Im Südosten am Meer gelegen, gehört Coconut Grove zu den älteren Vierteln des jugendlichen Miami. Haupterkennungsmerkmal ist die besonders üppige Vegetation. Hier waren lange Zeit die Künstler, Lebenskünstler sowie karibische Einwanderer zu Hause. Aushängeschild war einst das Shopping- und Lifestyle-Ensemble Coco Walk, das indes schon bessere Zeiten gesehen hat.

Palmen, Grotten und Wasserfälle: Erlebnisbaden im Venetian Pool

Sehenswert

6 Villa Vizcaya

| Museum |

Die prahlerische Villa Vizcaya (1914–1916) thront in Form eines italienischen Renaissanceschlosses direkt am Meer. Das Anwesen hat 70 Salons und Schlafzimmer, die mit europäischen Mobiliar in verschiedenen Stilrichtungen ausgestattet sind. Es diente dem Industriellen James Deering einst als Winterresidenz.

■ 3251 S Miami Ave, Tel. 305/250 91 33, www.vizcaya.org, Mi–Mo 9.30–16.30 Uhr, 22/10 $

Coral Gables

Die amerikanische Variante einer Mittelmeerstadt

In den 1920er-Jahren war Coral Gables eine der ersten am Reißbrett entworfenen Siedlungen des Kontinents. Dabei hat der federführende Architekt George Merrick dem Mediterranean Revival Style ein großformatiges Denkmal gesetzt. Am besten ist das an der sogenannten Miracle Mile (eigentlicher Name: Coral Way) ablesbar, der mit hochwertigen Geschäften, gepflegten Gebäuden und ausladenden Palmen flankierten Hauptstraße des Viertels. Sehenswerte Landmarken sind auch die weitläufige Badelandschaft Venetian Pool sowie das legendäre The Biltmore Hotel (S. 88).

■ www.coralgables.com

Sehenswert

7 Venetian Pool

| Badelandschaft |

Eine der schönsten und größten Swimmingpool-Anlagen der USA mit

Palmen, langem Sandstrand, schattigen Höhlen und einem Wasserfall. Ursprünglich entstand das Konzept der 2 ha großen und bereits 1924 eröffneten Anlage aus der Idee eines Treffpunkts für die Menschen der Stadt.

■ 2701 De Soto Blvd, Tel. 305/460 53 06, www.coralgables.com, Di–Fr 11–16.30, Sa, So 11–16.30 Uhr, 15/5,75 $

Design District

Trendviertel mit dekadenter Einkaufslandschaft

Eben noch eine verfallene Gegend, die unter dem irreführenden Namen Buena Vista bekannt war. Nur wenige Jahre später ein schickes Viertel mit Läden, Galerien und Restaurants, von dem sich eine aus Models, Fotografen und Neureichen angeführte Schickeria magisch angezogen fühlt. Auch das ist Miami. Hier sind die Palmen mit Lametta geschmückt und hier haben die Bulgaris und Pradas ihre Flagship-Stores eröffnet.

■ Zwischen NE 38th, 40th St, N Miami Ave und NE 2nd Ave, www.miamidesigndistrict.net

Little Havana

1 *Temperamentvolle Hochburg der Einwanderer erster Stunde*

Lange Zeit interessierte sich kaum ein Amerikaner für die neue Heimat der eingewanderten Kubaner. Mittlerweile aber ist um das Viertel ein regelrechter Hype entbrannt – zumindest die Calle Ocho hat heute so ziemlich jeder Tourist auf dem Zettel. Zu Recht, denn obwohl die 8. Straße einem ungezügelten Autoverkehr ausgesetzt ist, besitzt sie ein ureigenes Flair. Fachgeschäfte für Zigarren oder Hemden mit tropischen Mustern, Galerien sowie Bars, Cafés und Restaurants liegen dicht an dicht. Vielerorts führen immer noch die Einwanderer der ersten oder zweiten Generation das Regiment. Das Kerngebiet befindet sich zwischen 19. und 8. Avenue.

Sehenswert

8 Cubaocho Museum & Performing Arts Center

| Kulturzentrum |

Der Kubaner Roberto Ramos ist 1992 per Boot von der Heimatinsel geflohen. An Bord hatte er die größte erhaltene Sammlung zeitgenössischer Kunst. Beide konnten nur mit Glück vor einem Sturm gerettet werden. Viele Bilder hängen heute in dem multifunktionalen Museum. Die Bar hat ein großes Sortiment an Rum.

■ 1465 SW 8th St, Tel. 305/285 58 80, www.cubaocho.com, wechselnde Öffnungszeiten

9 Dominos Park

| Park |

Ein anrührendes Stück Folklore: Auf dem Platz an der Calle Ocho versammeln sich Kubaner der ersten und zweiten Einwanderergeneration, um gemeinsam Domino oder Schach zu spielen. Voraussetzung zum Mitspielen ist ein Mindestalter von 55 Jahren. Beobachter werden meist freundlich geduldet – vor allem, wenn sie sich respektvoll verhalten.

■ SW 8th St/SW 15th Ave

Parken

In den Seitenstraßen der SW 8th St stehen unbewachte, kostenpflichtige Parkplätze zur Verfügung.

Im Dominos Park spielen die Einwanderer der ersten Stunde Schach und Domino

Restaurants

€ | **El Pub** Reich belegte Cuban Sandwiches und leckere Empanadas kommen in folkloristischer Umgebung auf den Teller. ■ 1548 SW 8th St, www.elpubrestaurant.com, tgl. 7–23, Fr, Sa bis 24 Uhr, Plan S. 68/69 b3

Cafés

La Colada Kubanischer Kaffee von seiner besten Seite: sehr stark und auf Nachfrage auch sehr süß. ■ 1518 SW 8th St, Tel. 305/582 57 62, tgl. 10–21, Fr, Sa bis 23 Uhr, Plan S. 68/69 b3

Einkaufen

Cuba Tobacco Cigar Co. Das Rauchen einer Zigarre gehört in Little Havana zum guten Ton. Die Ware wird vor Ort hergestellt – wegen des langjährigen Handelsembargos gegen Kuba kommen die Rohstoffe aus der Dominikanischen Republik. ■ 1528 SW 8th St, Tel. 305/649 27 17, www.cubatobaccocigarco.com, tgl. 10–18 Uhr, Plan S. 68/69 b3

Kneipen, Bars und Clubs

Ball & Chain Großartige Dancehall mit Livemusik, Salsa-Einlagen, Tapas, guten Drinks und Biergarten. In der ruhmreichen Vergangenheit des Lokals haben Legenden wie Billie Holiday und Count Basie das Publikum unterhalten. ■ 1513 SW 8th St, www.ballandchainmiami.com, Mo–Mi 12–24, Do 12–2, Fr, Sa 12–3, So 11–24 Uhr, Plan S. 68/69 b3

Erlebnisse

Little Havana Food & Cultural Tour Stadtteilführung mit Zwischenstopps in sieben Lokalen und vielen gut erzählten Histörchen von engagierten Kennern der Stadt. ■ 1652 SW 8th St (Treffpunkt, Tickets müssen vorab gebucht werden), www.miamiculinarytours.com, tgl. 11.30, 12.30 u. 15.30 Uhr, 56/39 $, Plan S. 68/69 b3

Key Biscayne

Insel der Reichen und Schönen mit Grünflächen und Stränden

Tennisfans und aufmerksamen Verfolgern der High Society dürfte der Name bekannt sein: Die exklusive Insel gilt als Hochburg der Millionäre. Für Besucher ist Key Biscayne vor allem interessant, weil über 60 % der Fläche zwei State Parks (Bill Baggs Cape Florida State Park, Crandon Park) und weitläufigen Stränden vorbehalten sind.

Restaurants

€€€ | Rusty Pelican Auf einer Landzunge auf Virginia Key serviert das Lokal neben prächtigen Ausblicken auf die Skyline auch schmackhaften Fisch und Meerestiere. Ein Erlebnis mit hohem Erinnerungswert. ■ 3201 Rickenbacker Causeway, Key Biscayne, Tel. 305/361 38 18, www.therustypelican.com, tgl. 11–23, Fr, Sa 11–24 Uhr, Plan S. 68/69 d4

Kinder

Miami Seaquarium Aquarium auf der Nachbarinsel Virginia Key. ■ 4400 Rickenbacker Causeway, Tel. 305/361 57 05, www.miamiseaquarium.com, tgl. 10–18 Uhr, ab 48/38 $, Plan S. 68/69 d5

Sport

2 **Key Biscayne Eco Adventure** In nur wenigen Kilometern Entfernung zu South Beach können Paddler an geführten Kajaktouren auf dem Atlantik teilnehmen. Fachkundige Guides erklären die Vielfalt der Meeresbewohner und weisen den Weg zu unberührten Mangroven. Spektakulär: Hinter den sensiblen Küstengewächsen ist die Skyline von Miami sichtbar. Gelegentlich zeigt unterwegs ein Hai seine Flosse. ■ Crandon Park (im Visitor Center am Parkplatz 2), Key Biscayne, Tel. 305/666 58 85, www.miamidade.gov/ecoadventures, 30 $, Plan S. 68/69 e5

Wynwood

Angesagtes Viertel mit Galerien und Street Art

Anfang der Nullerjahre war Wynwood ein finsterer Bezirk mit vielen Lagerhallen, wo weder Ortskundige und schon gar keine Touristen freiwillig einen Fuß hingesetzt hatten. Diese Zeiten aber sind längst vorbei: Erst haben Kreative die Hallen als Lofts und Ateliers für sich entdeckt, bald folgten die Galerien. Die vielen Mauern Wynwoods wurden zu Projektionsflächen für Street Art. Nun sollte es nicht mehr lange dauern, bis coole Bars, Clubs und Restaurants folgen – und die unvermeidlichen Inves-

Bunte Street Art an den zahlreichen Wynwood Walls

toren, welche die Preise in astronomische Höhen treiben. So ist Wynwood ein Paradebeispiel dafür geworden, wie sich eine Stadt immer wieder neu erfinden kann.

Sehenswert

10 Wynwood Walls

| Stadtbild |

Mauern und die Außenwände von Lagerhallen taugen vorzüglich als Leinwandersatz für Street Art. In Miamis angesagtem Stadtteil ist das auf beeindruckende Weise zu bewundern: Tonangebende Vertreter des Genres aus aller Welt haben Wynwood in eine lebendige Open-Air-Galerie verwandelt, deren Exponate Besucher kostenlos bewundern können.

■ 2520 NW 2nd Ave (Besucherzentrum), Tel. 305/531 44 11, www.thewynwoodwalls.com, Eintritt frei

11 Margulies Collection at the Warehouse

| Museum |

Avantgardistische Privatsammlung mit Werken u.a. von Willem de Kooning, Olafur Eliasson, Donald Judd und Richard Serra. Ähnlich wie die im Umzug begriffene Rubell Family Collection ein Aushängeschild der tonangebenden Kunstmetropole Miami.

■ 591 NW 27th St, Tel. 305/576 10 51, www.marguliewarehouse.com, Di–Sa 11–16 Uhr, 10/5 $

Restaurants

€ | The Wynwood Yard Kaum etwas liegt in den kulinarischen USA so sehr im Trend wie Street Food. Ein gefundenes Fressen für das coole Wynwood, wo man unter freiem Himmel zusammenkommt, um die Kreationen von rund 20 Anbietern zu verkosten. Gelegentlich sorgen Bands für zusätzliche Stimmung. ■ The Lots at 56, 64, 70, 82, NW 29th St, www.thewynwoodyard.com, tgl. ca. 11–23 Uhr, Plan S. 68/69 c1

€€ | Wynwood Kitchen & Bar Kreative Gerichte im Tapas-Format, die zum Teilen gedacht sind. Das Interieur greift das dominierende Thema des Stadtteils auf: Street Art. ■ 2550 NW 2nd Ave, Tel. 305/722 89 59, www.wynwoodkitchenandbar.com, tgl. 11.30–15.30 u. Mo–Mi 17.30–22.30, Do 17.30–23, Fr, Sa 17.30–24 Uhr, Plan S. 68/69 c1

ADAC *Mittendrin*

Vom Fast Food vergangener Tage rücken die Amerikaner stets mehr ab. Heute sollen die Mahlzeiten gesund, authentisch, originell, frisch und lecker sein. Schnell gehen aber soll es weiterhin. Die Produzenten von **Street Food** schaffen diesen Spagat. Daher bereichern ihre meist auffälligen Gefährte immer häufiger das Straßenbild. Probieren Sie es aus!

In der Umgebung

Biscayne National Park

| Park |

Von dem Nationalpark fühlen sich vor allem Taucher und Wassersportler angezogen, 95 % des Areals befinden sich unter Wasser. Erste Anlaufstelle für Besucher ist das Dante Fascell Visitor Center bei Homestead. Eine Reihe schöner Ausflüge zum Korallenriff und den vorgelagerten Inseln bietet das Institut des Parks an (www.biscaynenationalparkinstitute.org).

Ist nicht nur wegen seines weißen Strandes ein angesagtes Viertel: South Beach

■ Visitor Center, 9700 SW 328th St, Homestead, Tel. 305/230 11 44, www.nps.gov/bisc, tgl. 9–17 Uhr

2 Miami Beach

Glamouröser Strandort mit einzigartiger Architektur des Art déco

Information

■ www.miamiandbeaches.de

Pastellfarbene Häuser mit stromlinienförmigen Ornamenten, klassische Automobile mit Heckflossen und formschöne Neonschriftzüge. Dazu natürlich die Strände, die Palmen, das Meer und all die schönen Menschen. Bilder dieser Art dürfte so gut wie jeder vor Augen haben, sobald die Rede von Miami Beach ist. Tatsächlich ist es vor allem South Beach mit seiner unvergleichlichen Architektur, das dieses Image geprägt hat. Auch wenn es kaum zusätzlicher Reize bedarf, lockt das Viertel inzwischen mit deutlich mehr: Exzellente Restaurants, cool designte Bars und ein enormes Shopping-Angebot komplettieren das Urlauberglück. Spätestens mit dem Bau von Frank Gehrys Konzerthalle New World Center hat auch die Hochkultur hier Einzug gehalten.

Sehenswert

Art Deco Historic District
| **Stadtbild** |

2 *Stilprägende Bauten mit klaren Linien und verspielten Ornamenten*

Die USA sehnen sich seit jeher nach eigenen kulturellen Ausdrucksformen. In der Architektur ist das mit der Entwicklung des Wolkenkratzers gelungen. Absolut einzigartig ist auch das Art-déco-Viertel in Miami Beach, das zwischen 1925 und 1945 entstanden ist. Die Gebäude besitzen eine charakteristische Formensprache mit tropischen Motiven, stromlinienförmigen Fluchten, symmetrisch angeordneten Stilelementen und einem Anstrich in leuchtenden Farben. Nach umfangreichen Restaurierungsarbeiten erscheinen fast alle in einem besseren Zustand denn je. Das war nicht immer so: Als South Beach in den 1960er- und 1970er-Jahren zusehends verwahrloste, wollten Investoren das gesamte Viertel kurzerhand abreißen. Die meisten der rund 800 Bauikonen befinden sich zwischen der 5th und 23rd Street (in Nord-Süd-Ausdehnung) sowie zwischen den Uferstraßen Ocean Drive, Collins Avenue und der Washington Avenue. Ein kleines Museum mit angeschlossenem Besucherzentrum macht mit weiteren Details der Geschichte vertraut. Auch werden von hier aus sachkundige Führungen durch das Viertel angeboten.

■ Art Deco Welcome Center, 1001 Ocean Dr, Tel. 305/672 20 14, www.mdpl.org, Do–So 10–17 Uhr, Touren tgl. 10.30, Do auch 18.30 Uhr, 25 $

Holocaust Memorial

| Gedenkstätte |

Beeindruckende Gedenkstätte in Erinnerung an die Holocaust-Opfer, die 1985 auf Initiative von Überlebenden des Genozids entstanden ist. Mittelpunkt ist die Bronzeskulptur »The Sculpture of Love and Anguish« auf einem runden Plateau in einem Wasserbecken. In einer Kolonnadenlaube befinden sich erklärende Bilder und Schautafeln. Die Adresse besitzt Symbolcharakter.

■ 1933–1945 Meridian Ave, Tel. 305/538 16 63, holocaustmemorialmiamibeach.org, tgl. 9.30 Uhr bis Sonnenuntergang

P Parken

In South Beach ist das Parken teuer: Am Straßenrand kostet die Stunde 4 $, auf Parkplätzen 2 $. Die Bezahlung erfolgt per Kreditkarte, hierzu muss an den Parkuhren das Nummernschild eingegeben werden. Die Preise in

Sehen und gesehen werden am Ocean Drive mit seinen Art-déco-Bauten

Parkhäusern variieren. ■ Übersicht inklusive Preisen: www.bestparking.com (»miami beach«), www.miamibeachfl.gov (»parking meter rates«)

Restaurants

€ | My Ceviche Salate, Burritos und das peruanische Nationalgericht Ceviche werden in diesem Imbiss aus frischen Zutaten zu leckeren und optisch reizvollen Gerichten komponiert. Der Fisch stammt aus Wildfang. ■ 235 Washington Ave, Tel. 305/397 87 10, www.myceviche.com, tgl. 11.30–22, Fr, Sa bis 23 Uhr, auch 1250 S Miami Ave. (Brickell) und 232 Miracle Mile (Coral Gables)

€ | Taquiza Die Bio-Tacos mit langsam geschmorter Schweineschulter, Rinderzunge oder würzigen Shrimps sind auch zu vorgerückter Stunde eine gute Wahl. Gegessen wird unter freiem Himmel, dazu schmeckt ein mexikanisches Tecate-Bier. ■ 1506 Collins Ave, Tel. 305/748 60 99, www.taquizatacos.com, tgl. 12–2 Uhr

€€–€€€ | Joe's Stone Crab Restaurant Als eines der ältesten und zugleich bekanntesten Lokale Floridas serviert das Haus seit 1913 vorzugsweise Meeresfrüchte und Fisch. Doch die Karte weist auch Gerichte wie Kalbsleber mit Zwiebeln aus, die in den USA eher selten zu bekommen sind. Die Saison für Stone Crabs beginnt im Oktober und endet im Mai. ■ 11 Washington Ave, Tel. 305/673 03 65, www.joesstonecrab.com, Di–Sa 11.30–14.30 u. tgl. 17–22, Fr, Sa bis 23 Uhr

€€€ | Juvia Wenn Sie Spektakel suchen, ordern Sie einen Tisch in diesem Lokal. Es befindet sich auf dem Dach des Parkhauses von Herzog & de Meuron und kombiniert die Landesküchen Frankreichs, Perus und Japans. ■ 1111 Lincoln Rd, Tel. 305/763 82 72, www.juvia-miami.com, tgl. 18–23, Fr, Sa bis 1, Sa, So ab 13.30 Uhr

Der Imbiss My Ceviche ist bekannt für seine exzellenten Fischspezialitäten

Cafés

News Café Seit 1988 eine Institution in South Beach: Das Café eignet sich mit seinen Tischen unter freiem Himmel zur Begutachtung der Leute. Die Küche ist nichts Besonderes, dafür sind Pizza, Pasta und Burger bezahlbar. ■ 800 Ocean Dr, Tel. 305/538 63 97, www.newscafe.com, tgl. 0–24 Uhr

Konzerte

New World Center Mit einem Grundstück in Premiumlage und einem Bau von Frank Gehry mit exzellenter Akustik hat sich das Nachwuchsorchester New World Symphony einen Weg in die Herzen von Einheimischen und

Akustisches und architektonisches Erlebnis: das New World Center

Touristen gespielt. Viele Konzerte werden in den benachbarten Park übertragen, wo das Publikum seinen Picknickkorb mitbringen kann. ■ 500 17th St, Tel. 305/680 58 66, www.nws.edu, Touren zu wechselnden Zeitpunkten, 5 $

Kneipen, Bars und Clubs

Sweet Liberty Drinks & Supply Company Laut Expertenurteil eine der besten Bars Floridas: Barmixer John Lermeyer wird für seine kreativen Cocktails bewundert, die während der Happy Hour (16–19 Uhr) für kleines Geld angeboten werden. Dazu gibt es Austern für 1 $. Am Abend füllt sich der Laden für ausgelassene Partys bis zum Morgengrauen. ■ 237 20th St, Tel. 305/763 82 17, www.mysweetliberty.com, Mo–Sa 16–5, So 12–17 Uhr

The Broken Shaker Craft-Cocktails sind das Gebot der Stunde in South Beach. Die Mixer der im Freehand Hotel gelegenen Bar sind absolute Meister ihres Handwerks. ■ 2727 Indian Creek Dr, Tel. 305/531 27 27, www.freehandhotels.com, Mo–Do 18–2, Fr 18–3, Sa 13–3, So 13–3 Uhr

The Clevelander Die Pool-Bar des Hotels mit ihrem rosa Neonschriftzug ist eine Design-Ikone. Obwohl der laute und feucht-fröhliche Habitus ein entsprechendes Publikum anzieht, gehört ein Blick zum Pflichtprogramm. ■ 1020 Ocean Dr, Tel. 305/532 40 06, www.clevelander.com, tgl. 11–5 Uhr

Einkaufen

3 **Lincoln Road Mall** Schillernde Art-déco-Bauten, coole Geschäfte (von denen viele erst um Mitternacht schließen) sowie einladende Restaurants mit Tischen unter freiem Himmel machen diese Fußgängerzone zu einer der besten Einkaufsadressen des Landes. Das Angebot reicht von Bekleidung (Urban Outfitters, 841 Lincoln Rd) über die kettenunabhängige Buchhandlung Books & Books (927 Lincoln Rd) bis hin zu Unterhal-

tungselektronik (Apple, 1021 Lincoln Rd). Sogar das Parkhaus am Kopfende (1111 Lincoln Rd) ist sehenswert: Es stammt von den Schweizern Herzog & de Meuron.

■ www.lincolnroadmall.com

Erlebnisse

South Beach Food Tour Aktuell die vielleicht beste Methode, South Beach kennenzulernen: Die Food Tour steuert sechs kulinarische Hotspots mit unterschiedlichen kulturellen Ursprüngen an. Auf einer Strecke von nicht viel mehr als einer Meile erzählen die Guides auch einiges über Architektur und Zelebritäten. Die Essensmenge ist gewaltig. ■ Bolivar Restaurant, 841 Washington Ave (Treffpunkt, Tickets müssen vorher gebucht werden), www.miamiculinarytours.com, tgl. 12 u. 17 Uhr, 56/39 $

3 Fort Lauderdale

Die Küstenstadt bietet alles für einen vielseitigen Urlaub

Information

■ www.sunny.org

Dank kilometerlanger Strände, einem einzigartigen Kanalsystem von fast 500 km Länge und einem eigenen internationalen Flughafen hat sich Fort Lauderdale zu einer ernstzunehmenden Alternative zu Miami entwickelt. In der kosmopolitischen 180 000-Einwohnerstadt geht es deutlich entspannter zu als am Südzipfel Floridas, ohne dass Besucher auf etwas verzichten müssten. Die Erkundung macht im Wassertaxi am meisten Spaß.

Sehenswert

Bonnet House Museum & Gardens

| **Museum** |

4 *Wunderbares Anwesen aus einer längst vergangenen Epoche*

Die Küstenlinie zwischen Miami und Palm Beach ist heute durchgehend erschlossen. Nur auf diesem herrlichen Anwesen können Besucher sich noch ein Bild davon machen, wie es zu Beginn des 20. Jh. im Sunshine State ausgesehen haben mag. Die 1920 errichtete Villa und die opulenten Gärten gehörten ursprünglich dem Chicagoer Künstler Frederic Clay Bartlett und seiner Frau Evelyn Fortune Lilly, die das Ensemble mit seinen vielen Kunstwerken unter der Bedingung des originalgetreuen Erhalts einer Stiftung vererbt hat.

■ 900 N Birch Rd, Tel. 954/563 53 93, www.bonnethouse.org, Di–So 9–16 Uhr, 20/16 $

Gefällt Ihnen das?

Wenn Ihnen das **Bonnet House** zusagt, sollten Sie sich auf keinen Fall das **Hemingway Home** auf Key West (S. 99) oder die **Edison and Ford Winter Estates** (S. 114) in Fort Myers entgehen lassen.

Fort Lauderdale Antique Car Museum

| **Museum** |

Kleines Ausstellungshaus, dessen Kernstück eine Sammlung von 22 Modellen der verblichenen Luxusautomarke Packard ist.

■ 1527 SW 1st Ave, Tel. 954/779 73 00, www.antiquecarmuseum.net, Mo–Fr 10–16 Uhr, Eintritt als Mindestspende von 10/5 $

Verkehrsmittel

Water Taxi Von 10 bis 22 Uhr (am Wochenende bis 23 Uhr) verbinden die gelben Wassertaxis die großen Hotels am Meer mit den Attraktionen am Las Olas Boulevard. Unterwegs gibt es viele Anekdoten über die Bewohner der millionenschweren Anwesen. ■ Tel. 954/4676677, www.watertaxi.com, 28/14 $/Tag

ADAC *Mobil*

Einige Urlaubsdestinationen betreiben **Shuttle-Busse**, die zwischen den wichtigsten Orten hin- und herpendeln. Zu den Vorreitern gehörte der Miami Beach Trolley, der inzwischen mehrere Strecken bedient. In Tampa (The Downtowner), St. Petersburg/Clearwater (City Looper), Fort Lauderdale (Riverwalk Water Trolley) und auf Siesta Key existieren ähnliche Angebote. Sie alle sind entweder kostenlos nutzbar oder die Fahrgäste zahlen einen kleinen Obolus in Höhe von 50 Cent beziehungsweise einem Dollar.

Restaurants

€ | **The Floridian** Klassisches Diner seit 1937, das für sein üppiges, rund um die Uhr serviertes Frühstück und eine Auswahl aus mehr als 30 Sandwiches bekannt ist. ■ 1410 E Las Olas Blvd, Tel. 954/4634041, www.thefloridiandiner.com, tgl. 0–24 Uhr

€€ | **Coconuts** Tolles Seafood-Restaurant, das an einem Kanal liegt, eine große Terrasse besitzt und vor allem bei den Einheimischen beliebt ist. Die Fish Tacos sind ein Klassiker. ■ 429 Seabreeze Blvd, Tel. 954/5252421, www.coconutsfortlauderdale.com, tgl. 10.30–22, So ab 10 Uhr

Einkaufen

5 **Sawgrass Mills** Amerikaner planen für dieses Einkaufszentrum mit über 350 Geschäften und Outlet-Angeboten einen ganzen Tag ein. Die Auswahl reicht vom amerikanischen Sportswear bis zum europäischen Luxus-Couturier. Die Mall ist zugleich ein repräsentatives Abbild der Gesellschaft Südfloridas, denn es wird mindestens so viel Spanisch wie Englisch gesprochen. Einige Hotels bieten einen Shuttle-Service an. ■ 12801 W Sunrise Blvd, Sunrise, Tel. 317/6361600, www.simon.com, Mo–Sa 10–21.30, So 11–20 Uhr

Kinder

Museum of Discovery and Science Interaktive Ausstellung über die sensiblen Ökosysteme Floridas und andere wissenschaftliche Themen, die für Kinder und Erwachsene gleichermaßen unterhaltsam und lehrreich sind. ■ 401 SW 2nd St, www.mods.org, Mo–Sa 10–17, So 12–18 Uhr, 17/14 $

4 Boca Raton

Unaufgeregte Küstenstadt für wohlhabende Amerikaner

Information

■ www.thepalmbeaches.com

Als der Land-Boom in Florida in den 1920er-Jahren seinen Höhepunkt erreichte, wurde der Architekt Addison

Ob aus Holz oder Beton: Ohne Brücken läuft nichts in Lake Worth

Mizner damit beauftragt, Boca Raton zu einem Musterstädtchen zu formen. Seine im spanischen Revival-Stil errichteten Bauten stehen mittlerweile im Schatten der vielen »condos«, in denen wohlhabende Amerikaner vorzugsweise mit Blick aufs Meer ihren Lebensabend verbringen.

P Parken

Im Red Reef Park, South Beach Park und Spanish River Park fallen jeweils Parkgebühren von mindestens 15 $/Tag an.

Restaurants

€ | **Ben's Kosher Deli** Fans von Pastrami Sandwiches aufgepasst: Dieses Lokal hat es in New York zu einigem Ruhm gebracht. Und wer es dort schafft, kann es bekanntlich überall zu etwas bringen. ■ 9942 Clint Moore Rd, Tel. 561/470 99 63, www.bensdeli.net, tgl. 10–21 Uhr

5 Lake Worth

Ruhiger Küstenort mit regem Kunstbetrieb und lebendiger Restaurantszene

i Information

■ www.thepalmbeaches.com

Wer Ortskundige nach einem Geheimtipp für einen Urlaub im Südosten Floridas fragt, dürfte als Antwort nicht selten Lake Worth hören. Das Städtchen befindet sich in gerade noch ausreichender Entfernung zur Reichenenklave Palm Beach und es nennt eine lang gezogene Barriereinsel mit feinem Sandstrand sein Eigen. Außerdem verfügt es über einen liebenswerten Holzpier, eine lebendige Restaurantszene, über die von Bootskapitänen und Manatis gleichermaßen geschätzte Wasserstraße Lake Worth Lagoon und – als wäre das nicht genug – mit Lake Osbourne auch noch über einen Süßwassersee. Herz des Ortes sind Lake Avenue und Lucerne Avenue.

Restaurants

€€€ | Paradiso Eleganter Italiener mit großflächiger Wandbemalung, die an die Vorzüge der schönen Heimat erinnert. Die hausgemachte Pasta ist sehr gut und deutlich günstiger als Fisch- und Fleischgerichte. ■ 625 Lucerne Ave, Tel. 561/547 25 00, www.paradisolakeworth.com, tgl. 11.30–15 u. 17.30–22 Uhr

Bühne

Lake Worth Playhouse Traditionsreiches Art-déco-Theater aus dem Jahr 1928. Heute dient das Haus sowohl als Bühne wie auch als Kino. ■ 713 Lake Ave, Tel. 561/586 64 10, www.lakeworthplayhouse.org

6 Palm Beach

Die zweite Heimat von Industriemagnaten und Präsidenten

Information

■ www.thepalmbeaches.com

Palm Beach ist der östlichste Ort Floridas. Nirgendwo fließt der Golfstrom näher am Festland vorbei, was für ganzjährig hohe Wassertemperaturen bürgt. Vor allem aber fließt an kaum einem anderen Ort so viel Geld: Schon seit der Gründung in den 1870er-Jahren des heute knapp über 8000 Einwohner zählenden Orts haben sich hier die Reichen und Mächtigen des Landes niedergelassen. Zu den klang-

Dreh- und Angelpunkt von Palm Beach: Worth Avenue

vollen Namen gehören die Vanderbilts und die Flaglers, doch auch der Kennedy-Clan und nicht zuletzt der 45. Präsident der USA (Donald Trump, dessen Privatclub Mar-a-Lago die Adresse 1100 S Ocean Blvd hat) besitzen hier Residenzen. Dies äußert sich in einem verschwenderischen Architekturstil, der das Barriereeiland zu einem lohnenden Ziel zum Beispiel für eine Radtour macht. Dreh- und Angelpunkt ist die palmengesäumte Worth Avenue, wo die Granden der Insel gern ihre Nobelkarossen zur Schau stellen oder sich zum Einkaufen treffen.

Sehenswert

Henry Morrison Flagler House

| **Museum** |

Die neoklassizistische Villa mit 55 Räumen hat Henry M. Flagler (1830–1913) 1902 als Hochzeitsgeschenk an seine Frau errichtet. Die Winterresidenz »Whitehall« sollte prachtvoller als jeder europäische Palast erscheinen. Heute erinnert das Anwesen als Museum an Leben und Schaffen des Eisenbahnmagnaten.
■ One Whitehall Way, Tel. 561/655 28 33, www.flaglermuseum.us, Di–Sa 10–17, So 12–17 Uhr, 18/13 $

Restaurants

€€€ | **Buccan** Feine neuamerikanische Küche. Besonders angesagt sind »small plates« wie mit Rippchenfleisch gefüllte Empanadas oder der Salat vom jungen Grünkohl, der in den USA als »kale« in der Liga des Superfood mitspielt. ■ 350 S County Rd, Tel. 561/833 34 50, www.buccanpalmbeach.com, tgl. 17–22, Fr, Sa bis 23 Uhr, Happy Hour ab 16 Uhr

€€€ | **PB Catch** Vornehmes Lokal, wo die Meeresfrüchte in der mit Eis ausstaffierten Raw Bar aufgebahrt sind und der Fisch garantiert von der Leine kommt. ■ 251 Sunrise Ave, Tel. 561/655 55 58, www.pbcatch.com, tgl. ab 16.30 Uhr

Einkaufen

Lilly Pulitzer Damenmode mit tropischem Einschlag. ■ 336 S County Rd, www.lillypulitzer.com, Tel. 561/659 12 84, tgl. 10–18 Uhr

Maus & Hoffman Hier stattet sich der Gentleman mit einer diskret farbenfrohen Garderobe aus, die zur Noblesse von Palm Beach und zur Leichtigkeit Floridas gleichermaßen passt. ■ 312 Worth Ave, www.mausandhoffman.com, Tel. 561/655 11 41, Mo–Sa 9–18, So 12–16 Uhr

ADAC *Spartipp*

Amerikaner zahlen fast nie den vollen Preis. Um Rabatte in Anspruch nehmen zu können, bedienen sie sich eines ausgeklügelten Systems von **Coupons**: Sowohl in Zeitungen als auch in Flyern oder im Internet sind fast für jede Attraktion Sonderkonditionen irgendeiner Art erhältlich.

Sport

Palm Beach Lake Trail Knapp 10 km langer Pfad, der das Ufer der Lagune fast bis zur Nordspitze der Insel begleitet. Er beginnt am South Lake Drive und endet am Sailfish Club. Wer ein Fahrrad mieten möchte, kann sich an Palm Beach Bicycle wenden. ■ 50 Cocoanut Row, palmbeachbicycle.com, tgl. ab 9, So ab 10 Uhr, 39 $/halber Tag

Alles zugebaut an der Küste? Nicht im Coral Cove Park auf Jupiter Island

7 Jupiter

Natur, Wasser und Strand machen den Charme des Städtchens aus

Information

- www.thepalmbeaches.com

Jeder Ort besitzt ein Alleinstellungsmerkmal. Das von Jupiter ist kurios: Das nördlichste Städtchen im Palm Beach County liegt an einem der ganz wenigen Küstenstreifen, wo der Atlantik es versäumt hat, eine Barriereinsel zu schaffen. Dafür freuen sich die überwiegend gut situierten Anwohner über eine Bucht: Das Delta des Loxahatchee River ist ein populärer Standort für Tiki-Bars und andere angesagte Lokale. Etwas weiter landeinwärts erfreuen Sumpfzypressen und Mangroven das Auge. Hier gehören die Ufer des Flusses bereits zum Jonathan Dickinson State Park, einem bemerkenswert großen Stück originalbelassenen Floridas.

Restaurants

€–€€ | **Little Moir's Food Shack** Das vielleicht beliebteste Restaurant der Stadt versteckt sich in einer unscheinbaren Ladenzeile, wo die Einheimischen vorzügliche Neuinterpretationen der karibischen Küche bestellen. ■ 103 S U.S. Hwy 1 (zwischen Sunoco-Tankstelle und E Indiantown Rd), Tel. 561/741 36 26, www.littlemoirsjupiter.com, Mo–Mi 11–21.30, Do–Sa 11–22 Uhr

Kinder

River Center Interaktives Erlebniszentrum über die Ökosysteme der Region mit Lernfaktor für Jung und Alt. ■ Burt Reynolds Park (nördl. der Indiantown Rd), 805 US 1, Tel. 561/743 71 23, www.lrdriver-center.org, Di, Mi 12–16, Do 9–16 Uhr, Eintritt frei

8 Vero Beach

Ein beschaulicher Flecken mit reichlich Grün in der Umgebung

Information

■ www.visitindianrivercounty.com

Alle gängigen Touristenziele sind ein gutes Stück entfernt. Auch daher darf sich Vero Beach bis heute als Destination für Kenner fühlen. Der Alltag ist viel ruhiger und beschaulicher als weiter im Süden. Langeweile indes muss nicht aufkommen: Die McKee Botanical Gardens inszenieren die tropische und subtropische Vegetation auf wunderbare Weise. Und der Sebastian Inlet State Park (etwa 20 km nördl.) ist eine herrlich naturbelassene Sandbank.

Sehenswert

Vero Beach Museum of Art

| Museum |

Formschöner Bau am Wasser mit Wechselausstellungen u.a. zu amerikanischer Fotografie. Ein besonderer Schwerpunkt liegt auf der Museumspädagogik, im Skulpturenpark finden Konzerte statt.

■ 3001 Riverside Park Dr, Tel. 772/231 07 07, www.verobeachmuseum.org, tgl. 10–16.30 Uhr, 12/5 $

Restaurants

€ | **Orchid Island Brewery** Mikrobrauerei mit einer Vielzahl an hausgemachten Biersorten in nur 100 m Entfernung zum Meer. ■ 2855 Ocean Dr, Tel. 772/ 205 24 36, www.orchidislandbrewery.com, Di–Do 11.30–23, Fr, Sa 11.30–24, So 11–15 Uhr

Sport

Sebastian Inlet State Park Nach Ansicht von Kennern der beste Salzwasserangelplatz der gesamten Ostküste Floridas. ■ 9700 South Hwy A1A, Melbourne Beach, Tel. 321/984 48 52, www.floridastateparks.org, immer geöffnet, 8 $/Fahrzeug

Im Blickpunkt

Hurrikans – eine wachsende Gefahr

Die Versuchung ist groß, die Gefahr zu vergessen: Doch Florida grenzt an das Karibische Meer und gehört somit zum Haupteinzugsbereich tropischer Wirbelstürme. Die Einheimischen beruhigen sich mit der Statistik, dass das Festland und die Keys in der Vergangenheit nur alle sieben Jahre von einem Hurrikan getroffen wurden. Generell aber hat sich die Zahl der tropischen Stürme seit Beginn der Wetteraufzeichnungen Mitte des 19. Jh. von durchschnittlich sieben auf bis zu 20 pro Saison fast verdreifacht. Auch Florida wurde im September 2017 hart getroffen: Hurrikan Irma hat vor allem auf den mittleren Keys und in der Region von Naples bis Fort Myers für enorme Schäden gesorgt. Wie sehr die Gefahr gestiegen ist, belegt die zunehmende Weigerung von Versicherungen, Policen für Boote und Immobilien abzuschließen. Die Hurrikansaison dauert von Juni bis November, wobei tropische Stürme besonders häufig im August und September auftreten.

Übernachten

Der Südosten Floridas ist wie gemacht für Luxus-Resorts und Grandhotels. Vor allem in Miami Beach, Miami, Fort Lauderdale und Palm Beach ist die Auswahl umwerfender Domizile enorm. Das gilt auch für die Preise, die in der Hauptsaison von Mitte Dezember bis Mitte April ein Niveau erreicht haben, das für Europäer gewöhnungsbedürftig ist. Als Alternative freilich bleiben die üblichen Hotel- und Motelketten oder die Anmietung von Ferienwohnungen über Portale wie Airbnb. Im Rest des Jahres ist die Lage deutlich besser – vor allem im schwülheißen Hochsommer scheint Luxus plötzlich erschwinglich.

Miami 66

€€ | **Atton Brickell** Nagelneues Haus einer chilenischen Kette in Miamis aufstrebendem Stadtteil Brickell. Schickes Design, bequeme Betten und gute Aussichten vor allem von der tollen Rooftop-Bar mit Pool. ■ 1500 SW 1st Ave, Miami, FL 33129, Tel. 786/600 26 00, www.attonbrickellmiami.com

€€€ | **The Biltmore Hotel** Die im mediterranen Revival-Stil gebaute Hotellegende aus dem Jahr 1926 ragt weit aus der flachen Landschaft hervor. Das Haus besitzt einen riesigen Pool, Golfplatz und viel Stil. Beim hauseigenen Italiener Fontana kann man günstig lunchen. ■ 1200 Anastasia Ave, Coral Gables, FL 33134, Tel. 855/311 69 03, www.biltmorehotel.com

Miami Beach 77

€–€€ | **Circa 39** Sympathisches Boutique-Hotel mit farbenfroh eingerichteten Zimmern und einem kleinen Innenhof mit Pool. Schöne Art-déco-Fassade. Bis zum Strand sind es nur zwei Minuten. ■ 3900 Collings Ave, Miami Beach, FL 33140, Tel. 305/538 49 00, www.circa39.com

€–€€ | **Freehand** Als echte Alternative zum Hochglanztourismus in South Beach bietet das Haus geschmackvolle Suiten und Bungalows, aber auch günstige Vierbettzimmer im Stil eines Hostels. Auf Art-déco-Architektur, einen Pool, Tischtennisplatten und eine preisgekrönte Bar müssen die Gäste dennoch nicht verzichten. ■ 2727 Indian Creek Dr, Miami Beach, FL 33140, Tel. 305/531 27 27, www.freehandhotels.com,

€€€ | **Grand Beach Hotel** Geschmackvolles Strandhotel, das in einiger Entfernung zum Trubel von South Beach ausschließlich weiß eingerichtete Suiten mit zwei Räumen anbietet. Die Aussicht von den Balkonen ist atemberaubend. Als Alternative zum Bad im Atlantik bieten sich diverse Schwimmbäder und ein Entspannungspool an. ■ 4835 Collins Ave, Miami Beach, FL 33140, Tel. 305/538 86 66, www.miamihotelgrandbeach.com

€€€ | **The Standard** Sehr schickes Hotel mit Spa, Yoga und vielseitigen Wellness-Angeboten auf einer Privatinsel zwischen Festland und Miami Beach. So urlauben Filmstars – allerdings ohne den Nachwuchs, denn Jugendliche sind erst ab 17 Jahren zugelassen. ■ 40 Island Ave, Miami Beach, FL 33139, Tel. 305/673 17 17, www.standardhotels.com

6 €€€ | **The Palms** Wunderbares Hotel mit ungezwungener Atmosphäre in Laufdistanz zu South Beach. Die Zimmer sind modern und geräumig eingerichtet, die Betten laden zum Ausschlafen ein. Zum Anwesen gehören ein Spa, ein weitläufiger tropischer Garten, ein Swimmingpool mit Sandstrand sowie ein direkter Zugang zum Atlantik. ■ 3025 Collins Ave, Miami Beach, FL 33140, Tel. 305/534 05 05, www.thepalmshotel.com

Fort Lauderdale 81

€€ | **Snooze Hotel** Kleines Boutique-Hotel als Alternative zu den großen Hotelbauten am Strand: geschmackvoll in Pastellfarben eingerichtete Zimmer, wahlweise auch mit Küche. Wer keinen Meerblick hat, kann die Dachterrasse nutzen. ■ 205 N Fort Lauderdale Beach Blvd, Fort Lauderdale, FL 33304, Tel. 954/761 99 33, www.takeasnooze.com

€€ | **The Riverside** Am schicken Las Olas Boulevard ist noch die Fassade des 1936 eröffneten Hotels der ersten Stunde zu sehen. Mittlerweile gibt es einen modernen Anbau. Trolley Bus und Wassertaxi pendeln zum Strand. ■ 620 E Las Olas Blvd, Fort Lauderdale, FL 33301, Tel. 954/467 06 71, www.riversidehotel.com

€€€ | **Ritz-Carlton** Die Betten sind enorm bequem. Dennoch ist dieses mit allen Annehmlichkeiten ausgestattete Luxushotel auch etwas für Menschen, die gern früh aufstehen, denn die Balkone mit Meeresblick könnten zur ungestörten Beobachtung des Sonnenaufgangs kaum besser sein. ■ 1 N Fort Lauderdale Beach Blvd, Fort Lauderdale, FL 33304, Tel. 954/465 23 00, www.ritzcarlton.com

Lake Worth 83

€€ | **Mango Inn** Freundliches B&B mit herzlichen Besitzern. Das Haupthaus stammt aus dem Jahr 1915 und befindet sich auf dem Festland, doch die Distanz zum Strand beträgt nur etwas mehr als 1 km. Umgeben ist das Haus von einem Garten mit nettem, kleinem Pool. ■ 128 N Lakeside Dr, Lake Worth, FL 33460, Tel. 561/533 69 00, www.mangoinn.com

Palm Beach 84

7 €€ | **Grandview Gardens** Das intime Hotel mit einigen Ferienhäusern ist unter deutschsprachiger Leitung und liegt in einem denkmalgeschützten Bezirk von West Palm Beach. Den Gästen stehen Fahrräder zur Verfügung. Co-Gastgeber Rick Rose ist zugleich offizieller Historiker der Worth Avenue Association von Palm Beach und kennt als solcher alle erdenklichen Anekdoten über die Gegend. ■ 1608 Lake Ave, West Palm Beach, FL 33401, Tel. 561/833 90 23, www.grandview-gardens.com

€€€ | **The Breakers** Hotel-Ikone aus der Gründerzeit des Tourismus in Miami. Im Stil eines italienischen Renaissancepalastes thront der Bau seit 1896 auf dem Strand, um von Industriemagnaten, Zelebritäten und Staatsoberhäuptern besucht zu werden. In der Nebensaison sind die Zimmer deutlich günstiger. ■ One S County Rd, Palm Beach, FL 33480, Tel. 877/724 31 88, www.thebreakers.com

Die Florida Keys – ein tropischer Mythos

Losgelöst vom amerikanischen Kontinent besitzt die langgestreckte Kette von Koralleninseln eine eigenständige Identität

Es war ein kühner Plan, den der Unternehmer Henry Flagler mit viel Pioniergeist geschmiedet hat: Mithilfe einer Eisenbahnstrecke sollten Miami und das amerikanische Festland mit Key West verbunden werden, um wohlhabenden Touristen den Aufenthalt in der Karibik zu ermöglichen, ohne das Land zu verlassen. Das bis dato beispiellose Brückenbauwerk konnte 1912 tatsächlich in Betrieb genommen werden. Der Aufschwung zu einem der beliebtesten Ferienziele der Amerikaner aber sollte erst einsetzen, als die Bahnlinie durch eine Straße ersetzt wurde. Der Overseas Highway führt über mehr als 40 Brücken und verbindet Key West und die anderen Inseln mit dem amerikanischen Festland. Heute sind die Keys ein Sehnsuchtsort mit einer Jahresdurchschnittstemperatur von 25,5 °C. Wären die Inseln groß genug, würden weite Teile der Festlandbewohner wohl ihre Winter regelmäßig hier verbringen. Trotz des Besucheransturms, der von Kreuzfahrtschiffen zusätzlich genährt wird, haben sich die Inseln ihre eigene Identität bewahren können. Vor allem die stilleren Ecken von Key West sind regelrecht zauberhaft. Doch auch auf den anderen Inseln können Touristen noch Entdeckungen machen. Am authentischsten sind die Koralleninseln übrigens in der sommerlichen Schwüle, der sich vergleichsweise wenige Touristen aussetzen möchten.

In diesem Kapitel:

ADAC Top Tipps:

3 Key West
| Stadtbild |
Das herrlich bunte Stadtbild und die betont skurrilen Bewohner heben sich vom Rest der USA auf sehenswerte Weise ab. Die tropische Vegetation und die bunten Holzvillen sind gleichermaßen zauberhaft. 98

ADAC Empfehlungen:

8 Dolphin Research Center, Grassy Key

| Tierpflegestation |

In Gefangenschaft gehaltene Tiere sind unzeitgemäß. Wer ihnen dennoch nahekommen möchte, kann diese Pflegestation für verletzte Delfine besuchen. 94

9 Harry S. Truman Little White House, Key West

| Museum |

Der inoffizielle Zweitwohnsitz von Präsident Truman ist ein zeitgeschichtliches Juwel und verleiht lohnende Einblicke in die amerikanische Geschichte. 100

10 Latitudes, Key West

| Restaurant |

Auf dieser Privatinsel sind das Seafood-Menü und der Sonnenuntergang einfach überwältigend. 101

11 Key Lime Bike Tour, Key West

| Fahrradtour |

Key West mit dem Fahrrad zu erkunden ist ebenso sinnvoll wie unterhaltsam – garniert mit den Anekdoten von Inseloriginalen. 102

Tropische Anmutung: Küstenstreifen auf Key Largo

9 Key Largo und Upper Keys

Verhaltener Auftakt zu einem tropischen Traum

i Information

- www.fla-keys.de

Der Name der Insel Key Largo ist seit dem gleichnamigen Film mit Lauren Bacall und Humphrey Bogart (1948) mythenumrankt. Wer auf dem Overseas Highway in Richtung Key West unterwegs ist, merkt jedoch bald, dass die Realität recht nüchtern ausfällt: Das gut 45 km lange Eiland wirkt aus dem Auto wie eine lang gezogene Strip Mall mit Fachgeschäften für Badebekleidung und leicht abgehalfterten Motels, an denen sich teils vierspurig erheblicher Verkehr vorbeiquält. Ganz ausradiert ist die einstige Schönheit der Koralleninsel aber nicht: Einige hübsche Resorts und ein paar State Parks halten den tropischen Traum aufrecht. Insbesondere lebt dieser unter Wasser am Riff fort, weshalb die Insel ein bevorzugtes Ziel von Tauchern und Schnorchlern ist. Zum Gesamteindruck von Key Largo (der Name ist vom spanischen Cayo Largo abgeleitet, »lange Insel«) passt es durchaus, dass der Übergang zu den Nachbarinseln Tavernier, Plantation Key bis nach Marathon Key nahezu unmerklich ist.

Sehenswert

African Queen

| Schiff |

Die Schauplätze des Bogart-Films »Key Largo« mögen heute nicht mehr wiedererkennbar sein. Als merkwürdige Fußnote der Geschichte aber können Cineasten auf der Insel eine Requisite aus einem anderen Bogart-Film bewundern: die restaurierte African Queen, die täglich für Rundfahrten durch die Kanäle der Insel zum Einsatz kommt.

■ 99701 Overseas Hwy, Key Largo, Tel. 305/451 80 80, www.africanqueenflkeys.com, ab 49 $

Dagny Johnson Key Largo Hammock State Botanical Site

| Naturpark |

Zivilisation und Wildnis kommen sich auf den Keys oft erstaunlich nahe. Dieser Naturpark etwa nimmt direkt am Highway seinen Lauf: Das Portal führt von einem kleinen Parkplatz zunächst über eine asphaltierte Straße zu einem Lehrpfad über tropische Bäume. Ausgeschilderte Wege ermöglichen abenteuerliche Wanderungen durch dichte Vegetation zu Binnenseen und Küstenstreifen. Im Park sind 84 geschützte Spezies zu Hause, darunter auch das seltene Florida Crocodile. Insektenschutz nicht vergessen!

■ County Rd 905, Mile Marker 106, Key Largo, Tel. 305/451 12 02, www.floridastateparks.org, tgl. Sonnenauf- bis -untergang

John Pennekamp Coral Reef State Park

| Naturpark |

Die Hauptattraktion Key Largos gestattet Tauchern und Schnorchlern einen unkomplizierten Zugang zum einzigen Korallenriff der USA. Das gut 120 km² große Areal ist seit 1957 der erste Unterwasserpark des Landes und entsprechend großzügig mit Taucherspots wie der Bronzestatue »Christ of the Sea« ausstaffiert. Wer den Wasserkontakt scheut, kann kleine Strände, Lehrpfade und ein gut gemachtes Besucherzentrum aufsuchen.

■ MM 102.5, Key Largo, Tel. 305/451 12 02, www.floridastateparks.org, tgl. 8 Uhr bis Sonnenuntergang

Verkehrsmittel

Die Greyhound-Busse sind die einzige Alternative zum Auto. Die Busse fahren zweimal täglich und brauchen 4,5 Stunden. ■ ab 14 $/Strecke, www.greyhound.com

Restaurants

€€ | The Fish House Dieses Lokal weiß seit 1982 mit Fisch und Meeresfrüchten unter freiem Himmel zu überzeugen. ■ 102401 Overseas Hwy, Key Largo, Tel. 305/451 46 65, www.fishhouse.com, tgl. ab 11.30 Uhr

€€–€€€ | Sundowner's Seafood mit Blick aufs Wasser. Ein Ort, um Bekanntschaft mit dem Lebensgefühl der Keys zu schließen. ■ 103900 Overseas Hwy, Key Largo, Tel. 305/451 45 02, www.sundownerskeylargo.com, tgl. 11–22 Uhr

ADAC *Mobil*

Der **Overseas Highway** verbindet Key West mit dem amerikanischen Festland auf einer Strecke von 181,1 km oder 113 Meilen. Mithilfe von 42 Brücken erstreckt sich die Straße über 40 Inseln. Ursprünglich hatte der Unternehmer **Henry Flagler** auf dem Trajekt eine Eisenbahnstrecke verlegt, die jedoch 1935 von den Auswirkungen eines Hurrikans weitgehend zerstört wurde. 1938 konnte die Strecke wiedereröffnet werden – diesmal als frei zugängliche Straße. Zur Orientierung dienen den Automobilisten bis heute die berühmten Mile Marker. Der MM 0 auf Key West ist ein populäres Fotomotiv. Die Distanz nach Miami beträgt von hier aus 156 Meilen.

Events

Bogart Film Festival Jährliches Festival Mitte Oktober, in dessen Mittelpunkt die Filme von Humphrey Bogart und das damit verbundene Lebensgefühl stehen. ■ www.bogartfilmfestival.com

Erlebnisse

Ausflug auf dem Wasser Im John Pennekamp Coral Reef State Park ermöglicht ein Katamaran mit Glasboden trockenen Fußes die Entdeckung des Riffs. ■ MM 102.5, Key Largo, Tel. 305/451 63 00, www.pennekamppark.com, 9.15, 12.15 u. 15.15 Uhr, ab 24 $

10 Marathon und Middle Keys

Am Südwestende von Islamorada beginnen die wahren Keys

Kleinere Inseln, die über länger werdende Brücken miteinander verbunden sind. Das sind die Erkennungsmerkmale der Middle Keys zwischen Lower Matecumbe und Marathon. Auch wenn hier noch einmal amerikanisches Kleinstadtleben aufflackern mag, so rücken nun doch die hellblauen Gewässer der Karibik immer öfter in den Blickpunkt. Mit den kleineren Keys, die fortan den Overseas Highway links und rechts flankieren, und der spektakulären Seven Mile Bridge nimmt die Zahl der Höhepunkte nun rasch zu. »Mainstream America« hingegen rückt immer weiter in die Ferne.

Sehenswert

Dolphin Research Center

| Tierpflegestation |

8 *Neue Heimat für Delfine, Manatis und Seehunde*

Delfine gehören nicht in Gefangenschaft – es sei denn, es handelt sich um verletzte Tiere. Diese werden vor Ort in mehreren Becken von Meeresbiologen gepflegt und nach bester Mög-

Delfine und Menschen kommen gut miteinander aus im Dolphin Research Center

lichkeit auf ein erneutes Leben in der freien Natur vorbereitet. Dabei spielen sich durchaus Szenen wie in der Fernsehserie »Flipper« ab, denn die Meeressäuger und ihre Pfleger kommen tatsächlich gut miteinander aus. Wer mag, kann mit den Delfinen schwimmen. Die auf Grassy Key gelegene Institution ist seit 1984 aktiv und kümmert sich auch um verletzte Manatis und Seehunde.

■ 58901 Overseas Hwy, Grassy Key, Tel. 305/289 00 02, www.dolphins.org, tgl. 9–16.30 Uhr, 28/23 $

Indian Key Historic State Park

| Historische Stätte |

Die etwa 200 mal 100 m große Insel ist bis heute nur per Boot erreichbar. In den 1830ern gehörte sie zu den ersten dauerhaft bewohnten Keys. Die Glanzzeiten aber sind lange vorbei: Heute findet man auf dem Eiland nur noch die Spuren der Vergangenheit in Form von Ruinen. Bei ruhiger See ist es kein Problem, von Robbie's Marina (S. 96) mit dem Kajak hierher zu paddeln.

■ 1 km östl. von Robbie's Marina, Tel. 305/664 25 40, www.floridastateparks.org, tgl. von 8 Uhr bis Sonnenuntergang, 2,50 $

Seven Mile Bridge

| Brücke |

Für den Autofahrer der unangefochtene Höhepunkt einer Reise nach Key West: Fast 11 km lang (im Namen versteckt sich eine leichte Übertreibung, wenngleich sie die längste Brücke des Overseas Highway ist), führt die Seven Mile Bridge nur wenige Meter über der Wasseroberfläche von Marathon nach Bahia Honda. Am schönsten ist die Fahrt mit geöffnetem Autofenster und einem Lieblingssong.

Windley Key Fossil Reef Geological State Park

| Naturpark |

Dieser Steinbruch auf Islamorada erinnert an die Gründerzeit des tropischen Paradieses, als die versteinerten Korallen ein wichtiger Baustoff waren. Das Besucherzentrum vertieft die Thematik der Erschließung der Keys durch den Overseas Highway. Quer durch den State Park führen fünf abwechslungsreiche Wanderwege. Mückenschutz nicht vergessen!

■ 84900 Overseas Hwy, Islamorada, Tel. 305/664 25 40, www.floridastateparks.org, Do–Mo 8–17 Uhr

ADAC *Spartipp*

Wer stilecht über die Keys reisen möchte, kommt an einer **Kühlbox** kaum vorbei. Fast alle Amerikaner haben ein solches Gerät bei **Road Trips** im Kofferraum. Bei einer Reise durch die Tropen ist es von Vorteil, stets kaltes Wasser dabei zu haben und sich so den teuren Kauf an der Tankstelle zu sparen. Weiterer Vorteil: Bei der Ankunft im Hotel sind auch Bier und Wein auf Trinktemperatur.

Restaurants

€ | **Cracked Conch Café** Einfacher Imbiss am Overseas Highway, der seit vier Jahrzehnten ein populärer Stopover ist. Wer noch keine Conch probiert hat, kommt hier von der Chowder (Suppe) bis zur panierten Variante aus der Fritteuse in den Genuss. Das Fleisch der Großen Fechterschnecke bleibt jedoch konstant zäh. ■ 4999 Overseas Hwy, Marathon, Tel. 305/743 22 33, www.conchcafe.com, tgl. 7–22.30, Mi, Do ab 9.30 Uhr

Die Keys sind durch eine wagemutige Brückenkette miteinander verbunden

€€ | Lorelei Restaurant & Cabana Bar Bei einer Frozen Margarita und einem Goldmakrelen-Sandwich (nach Mahi Mahi Ausschau halten!) dem Sonnenuntergang beiwohnen. Anschließend bei weiteren Drinks der örtlichen Spielart von Countrymusik lauschen. ■ Mile Marker 82, Bayside, Islamorada, Tel. 305/664 26 92, www.loreleicabanabar.com, tgl. ab 7 Uhr

Kinder

Turtle Hospital Neben Manatis und Delfinen sind auch die Meeresschildkröten akut durch die Auswüchse der Zivilisation bedroht. In diesem weltweit einzigartigen »Krankenhaus« werden verletzte Tiere gepflegt – seit 1986 konnten mehr als 1500 Schildkröten zurück ins offene Meer entlassen werden. Während der pädagogisch wertvollen Führung wird das Publikum für die Problematik sensibilisiert. Dabei spitzen Kinder ebenso die Ohren, wie sie dann am Beckenrand voller Ehrfurcht die unterschiedlich großen Tiere begutachten. ■ 2396 Overseas Hwy, Marathon, Tel. 305/743 25 52, www.turtlehospital.org, Führung tgl. 9–16 Uhr, 25/12 $

Sport

Robbie's Marina Wenn der Begriff Villa Kunterbunt irgendwo passt, dann hier: Auf dem ein wenig in die Jahre gekommenen Komplex ist für die Anbieter von Wassersportaktivitäten ebenso Platz wie für Yoga-Kurse, Gastronomie und die Produzenten bonbonfarbener Souvenirs. Aus dem Angebot ist die Kajaktour durch die Mangroven ein echtes Highlight. Wer die Augen aufhält, kann neben Manatis vielleicht auch ein ausgewachsenes Exemplar des amerikanischen Salzwasserkrokodils entdecken. ■ 77522 Overseas Hwy, Islamorada, Tel. 877/664 84 98, www.robbies.com, tgl. 7–20 Uhr

11 Lower Keys

Jenseits der Seven Mile Bridge nimmt die Zahl der Inseln rasch zu

Miami und der Rest Nordamerika sind in weiter Ferne, wenn nach sieben langen Meilen Bahia Honda Key aus dem Wasser hervorragt. Als Vorbote der Lower Keys besitzt die Insel einladende Strände. Die Nachbarinseln sind zum Teil dicht besiedelt, andere bieten überraschende Freiräume. Wer Zeit mitbringt, kann hier ein anderes Gesicht der Koralleninseln kennenlernen.

Sehenswert

Bahia Honda State Park

| Insel |

Jenseits der Seven Mile Bridge setzt sich das Karibikgefühl endgültig durch. Wie zur Bestätigung lockt am Mile Marker 37 diese unbewohnte Insel mit einem der schönsten Strände der Keys. Das Eiland ist zugleich die Heimat seltener karibischer Pflanzen, allerdings hat Hurrikan Irma 2017 erhebliche Schaden verursacht. Die vielleicht größte Attraktion aber blieb intakt: In Richtung Key West steht die Ruine einer doppelstöckigen Brücke aus den 1930ern, die an einer Stelle durchbrochen ist. Ein melodramatischer Anblick – und ein tolles Fotomotiv.

■ 36850 Overseas Hwy, Big Pine Key, Tel. 305/872 23 53, www.floridastateparks.org, tgl. 8 Uhr bis Sonnenuntergang, 8 $/Fahrzeug

Big Pine Key

| Insel |

Mit der Herstellung von Holzkohle und Haifischöl haben die ersten Einwohner ihr Geld verdient. Heute ist Big Pine Key der letzte Außenposten der Zivilisation, der nicht von Touristen überrannt wird. Auf der lang gestreckten Insel führen die Einheimischen ein unaufgeregtes Leben. Weil der höchste Punkt nur 90 cm über dem Meeresspiegel liegt, sind nahezu alle Häuser auf Stelzen aufgebockt.

ADAC *Wussten Sie schon?*

»Conchs« – so bezeichnen sich die Bewohner von Key West. Der Name ist einer Meeresschnecke entliehen, steht jedoch für viel mehr: So hat sich Key West 1982 von den USA losgelöst und eine eigenständige Republik ausgerufen. Der Staat existierte eine Minute lang, ehe er vor Washington kapitulierte. Hintergrund war die Einrichtung einer Kontrollstation der Grenzschutzbehörde vor den Toren Key Wests. Damit sollte die Einfuhr von Drogen aus Kuba eingedämmt werden. Die Conchs fühlten sich gedemütigt und strebten nach Unabhängigkeit: Wenn Washington sie als Ausland betrachtete, behandelten sie die USA halt ebenso. Der Coup zeigte Wirkung, die Kontrollen wurden eingestellt. Der Geist der **Conch Republic** aber lebt bis heute.

Restaurants

€ | **No Name Pub** Kurz vor der Brücke zum No Name Key hat 1931 ein Pub eröffnet, der zur Legende wurde. Wo sich früher Abenteurer trafen, hängt heute ein dichter Teppich aus Dollarnoten von der Decke. ■ 30813 Watson Blvd, Big Pine Key, Tel. 305/872 91 15, www.nonamepubestore.com, tgl. 10–24 Uhr

12 Key West

Das bunte tropische Eiland ist der ultimative Sehnsuchtsort

Hier lebte Ernest Hemingway: ein Ort für Künstler und Lebenskünstler

Information

- www.keywestchamber.org
- Parken siehe S. 101

3 *Ein bezaubernder Ort für Künstler und Lebenskünstler*

Ein ganzjährig warmes Klima. Die einzigartige Lage am Ende eines Highways mitten in der Karibik. Das allgegenwärtige Meer, die bunten Häuser, eine üppige Vegetation und leicht schrullige Einwohner, die ein Gefühl der Abgeschiedenheit und Andersartigkeit kultivieren. All das macht Key West zu einem unverwechselbaren Ort für Künstler und Lebenskünstler, für Fans des großen Schriftstellers Ernest Hemingway, ja, für Nordamerikaner ganz allgemein. Besucher aus Übersee fühlen sich nicht weniger zu der Insel hingezogen, sodass es rund um Duval Street und die Marina zuweilen arg voll werden kann. Knapp bekleidete Kreuzfahrer, die ihre Biere spazieren führen, gehören zu den weniger erfreulichen Facetten, welche die knapp 25 000 Einheimischen in ihrer nur 15,4 km² großen Heimat dulden müssen. Echte Liebhaber kommen daher im Sommer, wenn es schwüler und drückender ist. Aber eben auch weniger voll und deutlich günstiger.

Plan
S. 101

Sehenswert

1 Bahama Village

| Stadtbild |

Historisches Viertel, das ursprünglich von Kariben vor allem aus den Bahamas bewohnt wurde. Hier sind die Häuser am kleinsten und buntesten.

■ Zwischen Whitehead, Fort, Southard und Louisa St

2 The Hemingway Home

| Museum |

Das Domizil des vielleicht größten Popstars der Weltliteratur ist ein geschmackvoller Bau mit rundumlaufender Veranda und großzügigem Garten. Als »Papa« hier von 1928 bis 1939 lebte, mussten sowohl Strom als auch fließend Wasser erst noch verlegt werden. Das hat den Autor nicht davon abgehalten, den ersten Inselpool in Auftrag zu geben, was sich angesichts des harten Muschelkalkbodens als ebenso schwieriges wie kostspieliges Unterfangen erwies. Teile der Originaleinrichtung sind bis heute erhalten. Auch leben hier die Nachfahren von Hemingways Katzen, die auch in nachfolgenden Generationen mit sechs Zehen an den Tatzen ausgestattet sind. Besonders anrührend ist der Blick in Hemingways Studio, das sich im ersten Stock eines kleinen Anbaus befindet. Es ist überliefert, dass sich der Autor hier jeden Morgen schon früh an die Arbeit gemacht hat.

■ 907 Whitehead St, Tel. 305/294 11 36, www.hemingwayhome.com, tgl. 9–17 Uhr, 14 $

3 Southernmost Point

| Landmarke |

Am Südende der Whitehead Street steht ein farbenfroher Gedenkstein, der den vermeintlich südwestlichsten Punkt der USA markiert. Obwohl mit dem bloßen Auge erkennbar ist, dass dies nicht stimmt (ein Blick auf die angrenzende Militärbasis genügt, und über Hawaii haben wir da noch gar nicht gesprochen), nehmen Touristen mitunter lange Wartezeiten in Kauf, um sich davor ablichten zu lassen. Ein kurioser Zeitvertreib, der sich notfalls auch durch ein Selfie von einer angrenzenden Parkbank wirkungsvoll umgehen lässt.

Im Blickpunkt

Ernest Hemingway und die Keys

Der Name Ernest Hemingway (1899–1961) ist untrennbar mit Key West verbunden. Von 1928 an bewohnte der spätere Literaturnobelpreisträger jenes Domizil, das heute als The Hemingway Home die wichtigste Sehenswürdigkeit der Insel ist. Während dieser Zeit, die immer wieder von Reisen nach Europa, Aufenthalten in Wyoming und Safaris in Afrika unterbrochen wurde, schrieb Hemingway einige seiner wichtigsten Werke, darunter »In einem anderen Land« und viele seiner stilprägenden Kurzgeschichten. Nicht weniger Eindruck freilich hat das Freizeitverhalten des Autors hinterlassen: »Papa« liebte das Hochseefischen, seinen Pool, das Boxen und die Bars von Key West. Eine besonders innige Verbindung hatte er zu Joe Russell, dem Besitzer von Sloppy Joe's. Das Lokal existiert bis heute. Nicht jeder aber weiß, dass sich die Bar zu Hemingways Zeiten in der Greene Street 428 befand. Der Laden firmiert heute als Capt. Tony's Saloon.

4 Harry S. Truman Little White House

| Museum |

9 *Inoffizieller zweiter Amtssitz des US-Präsidenten*

Harry Truman war von 1945 bis 1953 der 33. Präsident der USA. Während seiner Amtszeit war der Demokrat alles andere als beliebt – traf er doch schon wenige Monate nach Amtsantritt die folgenschwere Entscheidung, zwei Atombomben über Japan abwerfen zu lassen. Weil Trumans Gesundheit angeschlagen war, beherzigte er früh in seiner ersten Amtszeit den Ratschlag, sich auf eine Marinebasis in Key West zurückzuziehen. Insgesamt elfmal sollte er hier hinreisen, wobei er sich als ebenso volksnaher wie lebensfreudiger Mann gab. In dem Haus haben weitere Präsidenten residiert wie Eisenhower, John F. Kennedy und Bill Clinton. Die wunderbar moderierten Führungen durch das kleine Anwesen verleihen lohnende Einblicke in ein wichtiges Kapitel der Geschichte.

■ 111 Front St, Tel. 305/294 99 11, www.trumanlittlewhitehouse.com, tgl. 9–16.30 Uhr, 21/10,50 $

5 Mel Fisher Maritime Museum

| Museum |

Im 17. und 18. Jh. haben die großen Kolonialmächte unvorstellbare Reichtümer aus der Karibik und Lateinamerika nach Europa überführt. Viele Routen führten vorbei an Key West – und so manches Schiff fiel Hurrikans oder Piraten zum Opfer. Wracktaucher Mel Fisher hat einige legendäre Schiffe geortet, darunter auch die spanische Galeere Nuestra Señora de Atocha. Viele Schätze sind in den Ausstellungsräumen des Mel Fisher Maritime Museum zu sehen.

■ 200 Greene St, Tel. 305/294 26 33, www.melfisher.org, tgl. 8.30–17, Sa, So ab 9.30 Uhr, 15/5 $

6 Mallory Square

| Platz |

Dieser Platz im Nordwesten der Insel gewährt an den meisten Tagen des Jahres freien Blick auf die untergehende Sonne, was eine wechselnd große

Menschenmenge rituell bejubelt. Anschließend zeigen Jongleure, Feuerschlucker und Troubadoure, was sie alles draufhaben.

■ www.mallorysquare.com

Verkehrsmittel

Key West ist komfortabel zu Fuß oder mit dem Fahrrad zu erkunden. Beim Transfer nach Key West führt nur ein Weg am Auto vorbei: der Greyhound-Bus. Die einfache Strecke von Miami kostet ab 14 $. ■ www.greyhound.com

Parken

Das Parken in Key West ist kostspielig. An zentralster Stelle im Mallory Square Parking Lot (400 Wall St) belaufen sich die Kosten auf 32 $/Tag, günstiger ist es mit 18 $ in der Old Town Garage (300 Grinnel St). Viele Hotels bieten Gästen kostenlose oder eigene Parkplätze an.

Restaurants

€ | **El Siboney** Kubanische Küche in großzügigen Portionen und schlichtem Ambiente. ■ 900 Catherine St, Tel. 305/296 41 84, www.elsiboneyrestaurant.com, tgl. 11–21.30 Uhr, Plan S. 101 b2

€–€€ | **Blue Heaven** Tropische Villa mit Biergarten und solider Küche im historischen Bahama Village. Auf dem Gelände soll Papa Hemingway früher als Unparteiischer bei Hahnenkämpfen agiert haben. ■ 729 Thomas St, Tel. 305/296 86 66, www.blueheavenkw.com, tgl. ab 8 Uhr (ab Anfang Sept. fünf Wochen Pause), Plan S. 101 b2

(10) €€€ | **Latitudes** Ein Bötchen bringt die Passagiere auf das nahe Sunset Key, wo diese mit Blick auf den Sonnenuntergang im Sand (oder auf der Terrasse) sitzen. In diesem romantischen Ambiente serviert die Küche veredeltes Seafood mit wenig Brimborium und zu erfreulich ange-

messenen Preisen. ■ 245 Front St (Bootsanleger), Reservierung unter 18 55/ 995 97 99 (erforderlich), www.sunsetkeycottages.com, tgl. 17–23 Uhr, Plan S. 101 a1

Cafés

Key West Key Lime Pie Co. Die kleinwüchsige Limette ist der kulinarische Superstar der Keys. Hier wird sie zu einem köstlichen Kuchen veredelt, der im Idealfall noch minimal angefroren ist. ■ 511 Greene St, Tel. 305/517 67 20, www.keywestkeylimepieco.com, tgl. 10–21 Uhr, Plan S. 101 b1

Im Blickpunkt

Kuba

Amerikaner haben ein merkwürdig ambivalentes Verhältnis zu Kuba. Die Hauptstadt Havanna ist Luftlinie nur 169 km von Key West entfernt. Somit war auch das ultimative Schreckgespenst des Kommunismus nie weit weg. 1961 versuchten die USA mit der sogenannten Invasion in der Schweinebucht den Revolutionär Fidel Castro zu stürzen. Die Operation misslang und hatte für die Dauer von Jahrzehnten eisige Beziehungen zur Folge. Erst unter Präsident Obama war es Amerikanern wieder gestattet, nach Kuba zu reisen. Faszinierend aber blieb der Karibikstaat auch in der Zwischenzeit: Während des Kalten Kriegs verdienten einige Kapitäne aus Key West ihr Geld damit, Touristen nach Kuba zu bringen – für Tagespreise von 1500 $. Seit 2015 unterhalten die Länder wieder diplomatische Beziehungen.

Kneipen, Bars und Clubs

Capt. Tony's Saloon Diese unprätentiöse Spelunke kann für sich behaupten, von 1933 bis 1937 Standort des Original-Sloppy-Joe's gewesen zu sein. ■ 428 Greene St, www.capttonyssaloon.com, tgl. 10–2 Uhr, Plan S. 101 b1

Sloppy Joe's Der Name und die vielen Erinnerungsstücke suggerieren, dass es sich um Hemingways Lieblingslokal handelt. Dieses aber befand sich dort, wo heute Capt. Tony's Saloon zum Drink bittet. ■ 201 Duval St, Tel. 305/ 294 57 17, www.sloppyjoes.com, tgl. 9–4 Uhr, Plan S. 101 b1

The Green Parrot Wer Ernest Hemingways trinkfreudige Nachfahren treffen möchte, hat in dieser Bar die mit Abstand besten Chancen. Klingt die Ankündigung von Livemusik andernorts wie eine Drohung, wird hier noch ehrlicher Bluegrass gespielt. ■ 601 Whitehead St, Tel. 305/294 61 33, www.greenparrot.com, tgl. 10–4 Uhr, Plan S. 101 b2

Sport

11 **Key Lime Bike Tour** Das Fahrrad ist das ideale Verkehrsmittel zur Erkundung von Key West. So richtig Spaß macht das allerdings erst, wenn Inseloriginale wie Craig Eubank aus ihrem reichhaltigen Anekdotenfundus schöpfen. Dieser war als »Captain Craig« an Schatzsuchen und anderen Abenteuern beteiligt – ist aber auch in Sachen Inselgeschichte sehr bewandert. Nach der körperlich wenig anstrengenden Tour wartet zur Belohnung nach knapp drei Stunden ein Stück Key Lime Pie. ■ 122 Ann St, Tel. 305/340 78 34, www.keylimebiketours.com, tgl. 10 Uhr (im Winter auch 14 Uhr), 45 $, Plan S. 101 b1

Wasserflugzeug beim Fort Jefferson im Dry Tortugas National Park

Fury Water Adventures Mit dem Katamaran zum Korallenriff, Schnorcheln oder einfach nur den Sonnenuntergang an Bord eines Segelschiffs erleben. All dies macht der führende Anbieter von Wassersportaktivitäten an den allermeisten Tagen möglich. ■ 631 Greene St o. 2 Duval St, Tel. 305/294 88 99, www.furycat.com, Plan S. 101 b1

13 Dry Tortugas

Der Nationalpark ist per Schiff und Flugzeug erreichbar

Information

■ www.nps.gov/drto

Gut 70 Meilen oder 35 Minuten im Wasserflugzeug westlich von Key West erhebt sich einer der am wenigsten bekannten Nationalparks aus dem Meer. Damit eignen sich die Dry Tortugas für einen memorablen Tagesausflug. Der Archipel besteht aus sieben kleinen Inseln. Auf Garden Key befindet sich Fort Jefferson, das mit dem Superlativ aufwartet, das größte Backsteingebäude der westlichen Hemisphäre zu sein. Das 1850 vollendete Bauwerk kann besichtigt werden, was viele Besucher mit einer anschließenden Schnorcheltour durch das glasklare Wasser verbinden. Schon auf dem Hinweg können Passagiere mit ein wenig Glück Rochen, Haie und Meeresschildkröten sichten. Ausflüge sind auch per Katamaran möglich.

Erlebnisse

Key West Seaplane Adventures Halbtagestrip inklusive Schnorchel-Equipment und Softdrinks. ■ 3471 S. Roosevelt Blvd, Tel. 305/293 93 00, www.keywestseaplanecharters.com, ab 356 $

Yankee Freedom Katamarantrip. ■ Terminal 100, Grinnell St, 240 Margaret St, Lands End Marina, Tel. 305/294 70 09, www.drytortugas.com, 7–17.30 Uhr, Check-in früher, 180 $

Übernachten

Die Florida Keys sind teuer. An dieser Basisinformation führt kein Weg vorbei. Vor allem während der amerikanischen Hauptsaison, die sich von Mitte Dezember bis kurz nach Ostern erstreckt, können aufgrund der hohen Nachfrage auch vergleichsweise simple Unterkünfte Preise verlangen, die andernorts einem Grandhotel gerecht werden. In den heißen Sommermonaten sieht der Markt deutlich kundenfreundlicher aus. Wer bei Wohnungsvermietungsportalen sucht, muss wissen, dass auf Key West für die Vermietung von Immobilien von weniger als 30 Tage eine Lizenz erforderlich ist. Kann diese nicht vorgelegt werden, ist die Vermietung von Objekten mutmaßlich illegal.

Key Largo (Upper Keys) 92

€–€€ | The Pelican Einigermaßen bezahlbare Unterkünfte sind auf den Keys selten. Bei den Ausnahmen müssen die Gäste Abstriche in Kauf nehmen. Dieses Haus besitzt den Charme der 50er-Jahre und bietet zum Ausgleich kostenlose Wassersportgeräte und ein kleines Frühstück. ■ 99340 Overseas Hwy, Key Largo, FL 33037, Tel. 305/451 35 76, www.pelicankeylargo.com

€€–€€€ | Kona Kai Das kleine Anwesen ist in einen üppigen Garten eingebettet und besitzt neben einem winzigen Strand auch eine Marina und Wassersportgeräte. Die Cottages sind voll ausgestattet, einige verfügen über eine Sonnenterrasse mit Blick aufs Meer. ■ 97802 Overseas Hwy, Key Largo, FL 33037, Tel. 305/852 72 00, www.konakairesort.com

Islamorada (Middle Keys) ... 94

€€–€€€ | The Islander Bayside Townhomes Die 25 charmant eingerichteten Cottages befinden sich auf der ruhigeren Golfseite von Islamorada. Das größere Schwesterresort an der dem Wetter ausgesetzten Ozeanseite wurde durch Hurrikan Irma schwer in Mitleidenschaft gezogen und wird zur Zeit saniert. ■ MM 81.4, Islamorada, FL 33036, Tel. 305/664 00 82, www.islanderfloridakeys.com

€€€ | The Moorings Village Bei der Familiensaga »Bloodline« geben die Bewohner der Keys keine gute Figur ab. Das gilt ausdrücklich nicht für das schicke Anwesen der fiktiven Hoteliersfamilie Rayburn. Im wahren Leben hört dieses auf den Namen The Moorings Village, deren Betreiber für einigen Komfort, Lage und Netflix-Ruhm Liebhaberpreise verlangen. ■ 123 Beach Rd, Islamorada, FL 33036, Tel. 305/664 47 08, www.themooringsvillage.com

Duck Key (Middle Keys) 94

€€–€€€ | Hawks Cay Resort Familienfreundliche, geräumige Anlage mit einem größeren Haupthaus und frei stehenden Villen auf dem winzigen Duck Key. Neben einer eigenen Lagune gehören Pool, Kinderpool, Rutschen und Kinderbetreuung zum

Angebot. ■ 61 Hawks Cay Blvd, Duck Key, FL 33050, Tel. 305/743 70 00, www.hawkscay.com

Key West (Lower Keys) 97

€–€€ | Angelina Guest House Schlichtes, aber recht charmantes B&B. Die Zimmer sind gemessen am übrigen Preisniveau sehr günstig – und die Lage im Bahama Village ist auch gut. ■ 302 Angela St, Key West, FL 33040, Tel. 305/294 44 80, www.angelinaguesthouse.com

€€–€€€ | Coconut Palm Inn Ruhiges Resort mit 19 Zimmern, das in einem Wohngebiet an der Golfseite liegt. ■ 198 Harborview Dr, MM 92, Tavernier, FL 33070, Tel. 305/852 30 17, www.coconutpalminn.com

€€–€€€ | Key Lime Inn Die modernen und zweckmäßigen Zimmer sind auf ein historisches Haupthaus und einen motelartigen Komplex verteilt, der um einen Innenhof mit tropischer Vegetation angelegt ist. Gefrühstückt wird am Pool. Alle interessanten Orte sind zu Fuß erreichbar. ■ 725 Truman Ave, Key West, FL 33040, Tel. 305/294 52 29, www.historickeywestinns.com

€€€ | Cypress House Hotel Die 120 Jahre alte Holzvilla mit der umlaufenden Veranda steht auf der Liste der örtlichen Denkmäler. Die 22 Zimmer sind modern im Stil eines Boutique-Hotels eingerichtet. Exzellente Lage am Rande des Zentrums. ■ 601 Caroline St, Key West, FL 33040, 305/294 69 69, www.historickeywestinns.com

€€€ | The Gardens Hotel Das wunderbare Anwesen verfügt über geschmackvolle Zimmer mit viel historischem Charme und einem Außenpool. Die Lage ist top und der tropische Garten eine Wonne – was sich allerdings auch in den Übernachtungspreisen spiegelt. ■ 526 Angela St, Key West, FL 33040, Tel. 305/294 26 61, www.gardenshotel.com

ADAC *Das besondere Hotel*

Das nach eigenen Angaben erste und einzige Unterwasserhotel der Welt ist in einem ehemaligen Forschungslabor eingerichtet. **Jules Undersea Lodge** besteht aus zwei 8 mal 20 Fuß großen Zylindern, die nunmehr als Wohn- und Schlafräume dienen. Im Preis von 800 $ bei Doppelbelegung sind eine Pizzalieferung sowie Frühstück inbegriffen. Gäste müssen 9 m in die Tiefe tauchen und nachweisen, dass sie im Besitz eines Tauchscheins sind.

€€€ | Jules Undersea Lodge at Key Largo Undersea Park, 51 Shoreland Dr, Key Largo, FL 33037, Tel. 305/451 23 53, www.jul.com

Die südliche Golfküste und die Everglades

Der Südwestzipfel des Sunshine State genießt große Popularität, die sich wasserreiche Naturreservate und beliebte Ferienorte teilen

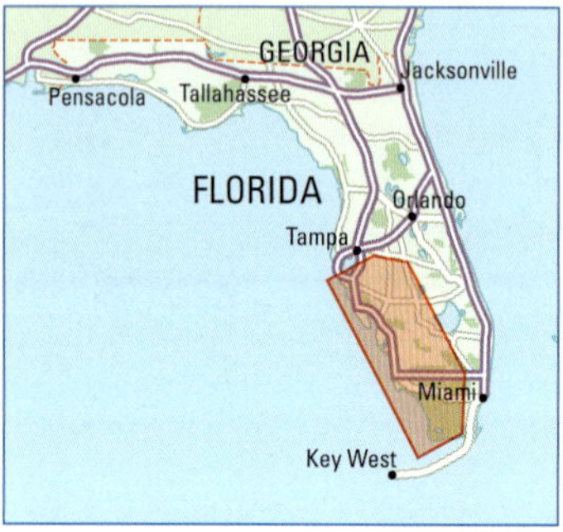

Wunderbare Inseln, weitläufige Strände und rasant wachsende Städte mit einer hohen Millionärsdichte sind die markantesten Eigenschaften der südlichen Golfküste. Die prosperierende Stadt Fort Myers als ihr Zentrum ist von Deutschland nonstop erreichbar. Die vorgelagerten Inseln Sanibel und Captiva Island bilden die natürliche Abgrenzung des Pine Island Sound. Beide kommen bis heute ganz ohne Hochbauten aus, lieber locken sie mit einem dichten Netz an Rad- und Wanderwegen. Entspannter ist Florida kaum irgendwo. Weiter im Süden hat sich Naples als bevorzugter Alterssitz von Millionären aus dem Mittleren Westen etabliert, was zuweilen unwirkliche Eindrücke hinterlässt. Die Auswüchse der immer noch jungen Zivilisation aber stehen in einem frappierenden Kontrast zu der ursprünglichen Wildnis, die Florida noch vor 100 Jahren definiert hat. Zwar genießen die Everglades und die angrenzenden Reservate bis heute weitgehenden Schutz. Dennoch gelten die Biotope als stark gefährdet, was es bei einem Besuch gebührend zu respektieren gilt.

In diesem Kapitel:

ADAC Top Tipps:

4 **Everglades National Park**
| Nationalpark |
Der Nationalpark ist ein seltenes und sehenswertes Biotop. Doch die immer dichtere Besiedlung und der Besucherandrang gefährden die einzigartige Flora und Fauna der Everglades zusehends. ... 108

5 Sanibel Island und Captiva Island

| Inseln |

Die vielleicht schönsten Inseln der Golfküste verzaubern mit einsamen Stränden, State Parks und zurückhaltender Bebauung. Zu den meditativen Beschäftigungen gehören Radfahren und Muschelsuchen. 117

ADAC Empfehlungen:

12 Edison and Ford Winter Estates, Fort Myers

| Museum |

Der Erfinder und der Automogul gehörten zu den ersten »Snowbirds«, die es sich auf einem großen Anwesen haben gut gehen lassen. 114

13 Ford's Garage, Fort Myers

| Restaurant |

Henry Ford hat in Fort Myers seine Winter verbracht. Ein cleverer Gastronom verwendet seinen Namen zum Verkauf sensationeller Burger. 115

14 Cabbage Key, Captiva Island

| Bootstour |

Auf der Privatinsel im Pine Island Sound gibt es leckere Stone Crabs. Schon die Anfahrt auf einem Ausflugsschiff verspricht ein vergnügliches Erlebnis. 119

Die 10 000 Islands sind mit dichten Mangrovenwäldern bewachsen

14 Everglades National Park

4 *Das einzigartige Ökosystem will behutsam erkundet werden*

i Information

- www.nps.gov/ever, 30 $/Fahrzeug, bei den Nationalparks sind die Tickets immer sieben Tage gültig

Die Klassifizierung eines Naturraums als Nationalpark besitzt im Zeitalter des Massentourismus eine ähnliche Anziehungskraft wie das Weltkulturerbe der UNESCO. Für sensible Biotope wie die Everglades sind das keine guten Nachrichten: Über 1,1 Mio. Menschen wollen den wasserreichen Lebensraum Jahr für Jahr sehen – seit 2010 steht der Park auf der roten Liste des gefährdeten Welterbes. Der Andrang auf die Besucherzentren ist mitunter so groß, dass die Parkplätze nicht mehr ausreichen, was in der Hochsaison am Shark Valley Visitor Center (Tamiami Trail) für endlose Reihen parkender Wagen sorgen kann. Weil nur zwei Zugangsmöglichkeiten existieren (Shark Valley aus Richtung Norden und das Ernest F. Coe Visitor Center aus Richtung Miami), ist dort der Andrang entsprechend hoch. Anders als zum Beispiel auf den Keys hilft in den Everglades auch antizyklisches Reisen nicht weiter, denn in den Sommermonaten ist es in dem Feuchtgebiet schwül-heiß und die Mücken können sich zu einer wahren Plage entwickeln. All dies soll natürlich nicht die Freude an einem Besuch dieses immer noch einzigartigen Lebensraums mindern.

Sehenswert

Ernest F. Coe Visitor Center

| Landschaft |

Die meisten Besucher erreichen die Everglades südwestlich von Homestead aus Richtung Miami. Erste Station ist oft dieses Visitor Center, das umfangreiche Informationen zu den Everglades bietet. Ein wenig weiter in Richtung Flamingo kann über eine Stichstraße das Royal Palm Visitor Center angesteuert werden, wo kurze Rundwege mit verschiedenen Ökosystemen vertraut machen. Wer noch nie einen Alligator gesehen hat, wird hier mit einiger Sicherheit fündig.

■ 40001 State Hwy 9336, Homestead, Tel. 305/242 77 00, www.nps.gov/ever/planyourvisit/coedirections.htm, Apr.–Dez. 9–17, sonst 8–17 Uhr

Flamingo Visitor Center

| Landschaft |

Nun führt die einzige Straße über etwa 40 Meilen durch unterschiedliche Vegetationsarten bis nach Flamingo. An deren Ende befindet sich nicht etwa ein Ort, sondern lediglich ein Minimum an touristischer Infrastruktur: ein Zeltplatz, ein Besucherzentrum mit kleinem Café und Sportgeräteverleih sowie eine Rampe für Kajakfahrer. Auch legen hier in der Hauptsaison alle 30 Minuten Ausflugsboote ab.

■ Flamingo Visitor Center, 1 Flamingo Lodge Hwy, Homestead, Tel. 239/695 29 45, www.nps.gov/ever/planyourvisit/flamdirections.htm, tgl. 8–16.30 Uhr

Shark Valley Visitor Center

| Besucherzentrum |

Am Tamiami Trail gelegen ist das Shark Valley Visitor Center für all jene eine Option, die den Nationalpark sozusagen im Vorbeifahren erleben wollen. Das Besucherzentrum versorgt Interessenten zunächst mit allen nötigen Informationen. Anschließend warten diverse Pfade auf ihre Erkundung. Der über eine Rampe zugängliche Shark Valley Tower gestattet einen Blick von oben – und es gibt sogar eine Shark Valley Tram, einen elektrisch betriebenen Ausflugsbus. Reservierungen (und Mückenschutz) werden für diese höchst amerikanische Art der Fortbewegung empfohlen. Attraktiver ist die Erkundung des Terrains auf einer 24 km langen Fahrradstrecke (Verleih im Besucherzentrum).

■ 36000 SW 8th St, Miami, Tel. 305/221 87 76, www.nps.gov/ever

In der Umgebung

Miccosukee Indian Village

| Kulturzentrum |

Das indigene Volk der Miccosukee sollte im 19. Jh. im Zuge der Erschließung Floridas sein ureigenes Land aufgeben und wurde erst 1957 anerkannt. Besucher erfahren in dem Dorf, welche Folgen der sogenannte Indian Removal Act hatte und auf welche Art viele Mitglieder des Stammes einen Umzug nach Oklahoma abwenden

ADAC *Mobil*

Der Name klingt exotisch. Doch mit den indigenen Völkern Südfloridas hat der **Tamiami Trail** nichts zu tun. Vielmehr handelt es sich um die erste Straße zwischen Tampa und Miami. Die 443 km lange Verbindung wurde 1928 fertiggestellt und ist bis heute eine von nur zwei Straßen, welche die Everglades durchkreuzen.

konnten. Außerdem zeigt die heutige Generation den Lebensstil und die speziellen handwerklichen Fähigkeiten der Miccosukee. Wer meint, an einer Airboat-Expedition teilnehmen zu müssen, kann hier einchecken – auf diese Weise profitieren immerhin die Mitglieder des indigenen Volkes davon. Unterwegs machen sie auf weitere Elemente ihrer traditionellen Lebensweise aufmerksam.

Im Blickpunkt

Die Everglades – ein Meer aus Gras

Die Everglades scheinen ein Sumpfgebiet von gigantischen Ausmaßen zu sein. In Wahrheit aber ist das zwischen Naples, Miami und dem Golf von Mexiko gelegene Areal ein bis zu 60 km breiter Fluss, der sich aus dem Lake Okeechobee speist, um mit einer Tiefe von 10 bis 25 cm und der trägen Geschwindigkeit von einem Meter pro Stunde gen Süden zu fließen. Die Ureinwohner haben die Everglades »Pa-hay-okee« getauft, was so viel wie »ein Meer aus Gras« bedeutet. Genau diese Illusion wecken weite Teile bis heute, andere hingegen sind dicht mit Sumpfzypressen bewaldet. Als Rückzugsort ist der 6105 km² große Nationalpark von kaum zu überschätzender Bedeutung: Er dient rund 40 Säugetierarten, 50 verschiedenen Reptilien sowie 350 Vogel- und 300 Fischarten als Refugium. Auch die Pflanzenwelt ist mit 2000 Spezies überaus vielseitig.

■ MM 36, Tamiami Trail, Tel. 305/480 1924, www.miccosukee.com, tgl. 9–17 Uhr, Indian Village 15 $, Bootstouren 20 $

15 Die westlichen Everglades und Everglades City

Ein praktischer und schneller Zugang von der Westküste

Der Name ist durchaus hochtrabend, denn mit 400 zählt Everglades City für eine Stadt reichlich wenig Einwohner. Abgesehen von einem weißen Rathaus, das von Palmen flankiert wird, und einer guten Portion Abgeschiedenheit hätte der Ort denn auch nicht viel zu bieten, gäbe es da nicht das Gulf Coast Visitor Center, wo sich der Startpunkt für vorzügliche Bootstouren durch zwei völlig unterschiedliche Habitate befindet. Kleiner Vorteil: Weil Center und Bootsstege sich außerhalb des Nationalparks befinden, wird hier kein Eintritt erhoben. Auch ist es meist deutlich leerer als an den beiden Haupteingängen.

Erlebnisse

Bootstour durch die Mangroven Passagiere haben zwei Optionen: entweder auf dem Flüsterboot durch die herrlichen Ten Thousand Islands, wobei neben Delfinen vor allem eine Kolonie weißer Pelikane auffällt. Oder aber durch die Mangroven, wo neben Alligatoren auch Luchse und Waschbären beheimatet sind. Beide Exkursionen werden vom Bootspersonal anschaulich moderiert. ■ Gulf Coast Visitor Center, 815 Oyster Bar Lane, Tel. 305/242 7700, www.evergladesnationalparkboattoursgulfcoast.com, 9–16.30 Uhr, 40/20 $

Ein Paradies für abenteuerlustige Wassersportler: Big Cypress National Preserve

16 Big Cypress National Preserve

Das Naturreservat schließt nördlich an die Everglades an

Der Nationalpark Everglades ist vergleichsweise gut erschlossen. Echte Abenteurer bevorzugen daher zum Paddeln und Wandern das Big Cypress National Preserve, das einst fest im Griff der Holzindustrie war. Zwischen den beiden einzigen Ost-West-Traversen Südfloridas gelegen ist das Gebiet bis heute unwirtlich: Die sumpfigen Böden stehen landwirtschaftlicher Nutzung und Bebauung im Wege. So bleibt das Reservat ein Refugium für Flora und Fauna. Wie Schilder und Warnleuchten annoncieren, sind hier die letzten Exemplare des Florida-Panthers zu Hause, was viele Autofahrer leider nicht zu erhöhter Vorsicht bewegt. Auch für Durchreisende gibt es einiges zu sehen: Das Big Cypress Swamp Welcome Center (33000 Tamiami Trail East, tgl. 9–16.30 Uhr) ist frei nach dem Konzept »Abenteuer light« Ausgangspunkt eines Holzstegs, der zur bequemen Beobachtung von Manatis einlädt. Am Oasis Visitor Center (52105 Tamiami Trail, tgl. 9–16.30 Uhr) können sich Touristen im Auto auf Begegnungen mit Alligatoren und weiteren Stars der Fauna freuen.

■ www.nps.gov/bicy

Sehenswert

Ochopee Post Office

| Kuriosum |

Das kleinste Postamt der USA befindet sich in einem winzigen Holzverschlag direkt am Tamiami Trail. Wer Postkarten und Briefmarken ersteht, erhält als Gegenleistung einen begehrten Poststempel.

■ 38000 Tamiami Trail E, Ochopee, Tel. 239/695 20 99, Mo–Fr 8–10 u. 12–16, Sa 10–11.30 Uhr

Clyde Butcher Big Cypress Gallery

| Galerie |

Clyde Butcher (*1941) ist ein großer Kenner der Natur Südfloridas. Schon seit Jahrzehnten fängt er ihre eigentümliche Schönheit mit der Kamera ein. In dieser kleinen Galerie ist eine Auswahl seiner poetischen Schwarz-Weiß-Arbeiten zu sehen. Auch vermieten er und seine Frau einen Bungalow und eine Hütte.

■ 52388 Tamiami Trail, Ochopee, Tel. 239/695 24 28, www.clydebutcher.com, tgl. 10–17 Uhr

ADAC *Wussten Sie schon?*

Die Everglades beherbergen gleich vier verschiedene **Mangrovenarten:** Knopfmangroven, Schwarze Mangroven, Weiße Mangroven und Rote Mangroven. Letztgenannte sind besonders groß. Ihre Wurzeln bilden bogenartige Strukturen und sind sehr salztolerant. Alle vier Arten leisten im Fall von Stürmen und Fluten einen wichtigen Beitrag zur Sicherung des Landes.

17 Marco Island und die 10 000 Islands

Der letzte Außenposten der Zivilisation vor den Everglades

Information

■ Siehe Information S. 113

Wo die Everglades langsam in das offene Meer übergehen, erheben sich unzählige kleine Inseln aus dem Wasser, die aus Sedimenten gewachsen sind. Die meisten sind von Mangroven geschützt und völlig unberührt. Nur auf die größte von ihnen trifft das nicht zu: Marco Island scheint den Anspruch des Menschen auf die Vorherrschaft in dem wasserreichen Gebiet zementieren zu wollen – und zwar im wahrsten Sinne des Wortes, denn auf der Insel ist in den vergangenen drei Jahrzehnten eine Stadt mit einer veritablen Skyline entstanden. Ohne Gespür für Proportionen ragen an der Küste brachiale Wohntürme und Hotelbauten großer Ketten in den Himmel. Aber dies hier ist schließlich das Land der unbegrenzten Möglichkeiten. Auch wenn nur einen Steinwurf entfernt die Wildnis anfängt. So ist Marco Island vor allem bei Amerikanern populär. Ein paar hübsche Flecken gibt es dennoch – vor allem im Umland.

Sehenswert

Collier-Seminole State Park

| Naturpark |

Die State Parks sind Floridas unentdeckte Juwelen. Dieser Eindruck bestätigt sich auch im Collier-Seminole State Park wieder: Unweit des Tamiami Trail befindet sich eine Bootsrampe, die Kajakfahrern Zugang zu den Everglades bietet. Durch den mit stattlichen Königspalmen gesegneten Park führen ein paar Rundwege. Doch es gibt auch eine historische Komponente: An einer markierten Stelle ist eine der gewaltigen Maschinen zu sehen, die beim Bau der ersten Verbindungsachse zwischen Tampa und Miami zum Einsatz kamen.

■ 20200 Tamiami Trail E, Naples, Tel. 239/394 33 97, www.floridastateparks.org, tgl. von 8 Uhr bis Sonnenuntergang, 5 $/Fahrzeug

18 Naples

Die zweite Heimat für Reiche aus dem Mittleren Westen

Information

■ Convention and Visitors Bureau, 2660 N Horseshoe Dr, Tel. 239/225 10 13, www.paradisecoast.com, Mo–Fr 8–17 Uhr

Prächtige Strände, Palmenalleen, verschwenderisch große Häuser und teure Geschäfte bestimmen das Leben in Naples. Doch keine Angst: Auch Schaulustige mit einem Durchschnittsbudget müssen nicht darben. Der Strand und der charmante Holzpier sind öffentlich zugänglich. Letzterer verfügt über kostenlose Sitze zur Beobachtung von Delfinen – genau wie die Cafés an der Fifth Avenue sich zur Begutachtung der High Society eignen.

Restaurants

€€ | **Swan River** Geschmackvolles Seafood-Restaurant, in das die bodenständigeren Einheimischen gehen. Spezialität des Hauses sind Stone Crabs. Die Krebsart ist das einzige Tier, das für die Verspeisung durch den Menschen nicht sterben muss, denn sie kann sich von einer ihrer Scheren lösen, die binnen zwölf Monaten nachwächst. Die Saison dauert von Mitte Oktober bis Mitte Mai. ■ 3741 Tamiami Trail N, Tel. 239/403 70 00, www.swanriverseafood.com, tgl. 16.30–21, Mo–Fr auch 11.30–14.30 Uhr

Cafés

5th Avenue Coffee Co. Ein wunderbarer Ort zur Beobachtung der High Society. Toller Kaffee, leckere Muffins, kleine Preise. ■ 599 5th Ave S, Tel. 239/261 57 57, www.5thavncoffeeco.com, tgl. 7–21, Fr, Sa bis 22 Uhr

Im Blickpunkt

Luxus in Florida

Wer Florida bislang für mehr oder weniger gewöhnlich gehalten hat, wird sich spätestens in Naples die Augen reiben: Vor den Toren der Everglades, wo noch vor 50 Jahren nur ein paar Tausend Menschen ein bescheidenes Leben führten, stehen einige der teuersten Wohnbauten der USA. Eine neoklassizistische Villa mit Säulenportal und Palmengarten in Strandnähe kann schon mal für 30 bis 50 Mio. Dollar den Besitzer wechseln. Der Wohlstand setzt sich auf den Straßen fort, die von Limousinen aus Großbritannien und italienischen Sportwagen frequentiert werden. Am Abend dinieren feine Gesellschaften auf dem Trottoir der 5th Avenue, wo eine Luxusboutique neben der anderen um Kundschaft buhlt. Ähnlich geht es in Fort Lauderdale und in Teilen von Miami zu. Während die Ostküste beim Geldadel aus New York oder Boston beliebt ist, sind in Naples die konservativen Millionäre aus dem Mittleren Westen unter sich.

Kinder

Golisano Childrens Museum (C'mon) Spielen, lernen und träumen: Das ist die Philosophie dieses speziell für Kinder errichteten Museums. Zum Parcours gehört ein beispielhafter Besuch in den Everglades und die Besteigung einer gewaltigen Banyan-Feige. ■ 15080 Livingston Rd, Tel. 239/514 00 84, www.cmon.org, Do–Di 10–17, So 11–16 Uhr, 12/10 $

19 Fort Myers

Von der Kleinstadt zum vielseitigen Urlaubsort

i Information

■ Lee County Visitor & Convention Bureau, 2201 Second St (Suite 600), Tel. 239/338 35 00, www.fortmyers-sanibel.com/de, Mo–Fr 8–17 Uhr

Ein internationaler Flughafen mit Nonstop-Flügen aus Deutschland. Ein bequemer Zugang zum Meer, vorgelagerte Inseln unterschiedlicher Art und mit Thomas Edison und Henry Ford

Hier tobt das Leben: Am Wasser reihen sich die Restaurants aneinander

zwei Protagonisten, die erhebliche Beiträge zum Fortschritt der Menschheit geleistet haben. Das ist kein schlechtes Portfolio für eine Kleinstadt mit 63 000 Einwohnern. Tatsächlich aber ist Fort Myers das obere Zentrum eines Ballungsgebiets, das rund um die Mündung des Caloosahatchee River gewachsen ist. Die am Südufer gelegene Innenstadt war lange eine trostlose Brache. Seit einiger Zeit aber erlebt Downtown Fort Myers einen erfreulichen Aufschwung. Vor allem die First Street brummt: Hier haben sich in einer gelungenen Mischung aus historischen und modernen Bauten Geschäfte, Galerien und einige beachtliche Restaurants angesiedelt.

Sehenswert

Edison and Ford Winter Estates
| Museum |

(12) *Viel über die Geschichte der USA am Wintersitz zweier Erfinder*

Thomas Edison (1847–1931) war ein Universalgenie. Er hat sowohl die Elektrifizierung als auch die Frühphase der Telekommunikation maßgeblich vorangebracht. Doch der Erfinder und Unternehmer wusste auch einen Trend zu setzen: Er gehörte zu den ersten Millionären aus dem frostigen Norden, die ihre Winter in Florida verbracht haben. Für sein Domizil und Labor erwarb Edison 1885 ein großzügiges Anwesen am Caloosahatchee River. Ab 1915 leistete ihm Autopionier Henry Ford in einer eigenen Villa Gesellschaft. Das Gesamtensemble inklusive Garten, Labor und Museum ist nicht nur für Technikfreaks ein Erlebnis.
■ 2350 McGregor Blvd, Tel. 239/334 74 19, www.edisonfordwinterestates.org, tgl. 9–17 Uhr, 30/18 $

Nobles Gästehaus von Thomas Edison in den Edison and Ford Winter Estates

Manatee Park

| Park |

Die Spuren der Zivilisation sind in Florida fast allgegenwärtig, was in diesem Fall ausnahmsweise auf Zustimmung stößt: Die Gewässer des Parks sind durch die Nähe zu einem Kraftwerk wärmer als die angrenzenden, weshalb sich hier von November bis März häufig wärmebedürftige Manatis einfinden. Die Rundschwanzseekühe können von Stegen oder an Bord von Kajaks in Augenschein genommen werden.
■ 10901 State Rd 80, www.leegov.com, tgl. 7–19 Uhr, Parkgebühren max. 5 $

Restaurants

13 **€ | Ford's Garage** Autoreifen als Waschbeckenumrandung, Felgen als Türgriff und ein enthauptetes Model T als Möbelstück. Mit dieser motoraffinen Einrichtung würdigt das Lokal die vielen Aufenthalte, mit denen Autopionier Henry Ford Fort Myers Zeit seines Lebens bedacht hat. Auf den Tisch kommen saftige Burger, die stilecht mit einem Brandzeichen veredelt werden – bei Bedarf auch als Low-Carb-Variante ohne Brötchen. ■ 2207 First St, Tel. 239/332 36 73, www.fordsgarageusa.com, tgl. 11–23 Uhr

€€ | Charley's Boathouse Grill Wer ein Steak bestellt, kann das Salatbuffet gleich mitbenutzen – »all you can eat«. Fensterplätze bieten mit etwas Glück das Privileg, auf dem Boden des Kanals archaische Pfeilschwanzkrebse umherwandern zu sehen. ■ 6241 Estero Blvd, Fort Myers Beach, Tel. 239/765 47 00, www.boathousegrill.net, tgl. 16.30–21.30 Uhr

€€ | Izzy's Fish & Oysters Raw Bars sind in weiten Teilen Deutschlands noch nicht angekommen. In Florida hingegen liebt man Austern, Ceviche und Thunfischtatar. Hier kommen die Seafood-Spezialitäten in maritimem Brasserie-Ambiente auf den Teller. ■ 2282 First St, Tel. 239/337 49 99, www.izzysftmyers.com, tgl. 11–22 Uhr

Südwestlich von Fort Myers locken weite Strände und Beach Bars unter Palmen

Einkaufen

Leoma Lovegrove Die Künstlerin ist mit bemalten Kokosnüssen bekannt geworden. Inzwischen sind die vielen Spielarten ihrer Florida-Pop-Art auch in Kaufhäusern zu haben. Kinder erhalten beim Besuch ein kostenloses Eis. ■ 4637 Pine Island Rd, Matlacha, Tel. 239/938 56 55, www.leomalovegrove.com, tgl. 10–17, So ab11 Uhr

In der Umgebung

Fort Myers Beach

| **Insel** |

Unweit der Küstenlinie breitet sich diese ebenso schmale wie lang gestreckte Barriereinsel aus, deren Westflanke mit feinen Stränden gesegnet ist. Dahinter entfaltet sich eine Infrastruktur, die amerikanischer nicht sein könnte: Hotels und Motels mit Pool, tropische Tiki-Bars, Restaurants sowie Surf Shops soweit das Auge reicht. In diesem ungezwungenen Umfeld verbringen sowohl amerikanische Familien wie auch Pauschalurlauber aus Deutschland gern ihre Ferien.

■ 30 km südwestl. von Fort Myers

ADAC *Mittendrin*

Trotz makelloser Sauberkeit flanieren viele Amerikaner gesenkten Hauptes über den Strand. Das aber ist nicht auf etwaige Depressionen zurückzuführen, sondern auf ein beliebtes Hobby: »**shelling**«. Darunter verstehen die Amerikaner die gezielte Suche nach **Muscheln**, die auf den Stränden von Sanibel und Captiva in besonders vielen Varianten angeschwemmt werden. Vor Ort gibt es sogar das einzige Muschelmuseum des Landes (S. 119). Reisende, die sich diesem Hobby anschließen wollen, sollten die Ein- und Ausfuhrbestimmungen von EU und USA beachten (S. 183, Zollbestimmungen).

Matlacha Island

| **Insel** |

Ein komplett anderes Florida zeigt sich auf Matlacha (sprich Mel-laa-chei) Island im Pine Island Sound. Das Eiland ist von Kanälen durchzogen, an denen sich hübsche Wohnhäuser mit eigenen Bootsanlegern aneinanderreihen. In so manchem Palmenwipfel haben Fischadler (Osprey) ihre Nester gebaut. Die leider viel zu stark befahrene Palm Island Road ist eine bekannte Künstlerenklave mit bunten Häusern und einigen Galerien.

■ 24 km westl. von Fort Myers

20 Sanibel Island und Captiva Island

5 *Die behutsam entwickelten Inseln sind ein tolles Paar*

Information

■ Siehe Information S. 114

Eine spitz zulaufende Brücke verbindet das Festland mit Sanibel Island. Damit nicht jeder auf die Idee kommt, den bequemen Transfer auf das Eiland auch in Anspruch zu nehmen, kostet die Benutzung des Straßenbauwerks stolze 6 $. Doch die Erhebung einer Gebühr ist absolut nachvollziehbar, denn das Land auf der anderen Seite ist mehr als schützenswert: Sanibel und die durch eine nur 50 m lange Brücke angeschlossene Nachbarinsel Captiva sind ruhige Rückzugsorte, wo die Häuser nicht höher als die Palmen sein dürfen und wo fast jede Straße von abgetrennten Radwegen begleitet wird. Weil die Anzahl der Unterkünfte begrenzt ist, sind die Strände nie überlaufen. Außerdem nimmt ein State Park weite Teile der Fläche ein. Ein Freundschaftsangebot, für das sich die heimische Fauna durch üppige Anwesenheit bedankt.

ADAC *Wussten Sie schon?*

In vielen Kommunen sind Anwohner und Hotelgäste in unmittelbarer Nähe der Küstenstreifen aufgefordert, spätestens um 21 Uhr die Rollos zuzuziehen oder die Beleuchtung abzuschalten. Grund ist die in diesem Ausmaß noch recht neue Fürsorge für die **Meeresschildkröten**, die unzählige Strände Floridas zum Brüten aufsuchen. Wenn der Nachwuchs nach rund zwei Monaten schlüpft, kommt die Abdunkelung ins Spiel, denn die Jungtiere orientieren sich am Mondlicht, um den Weg ins Meer zu finden. Selbst in Miami leuchten an weiten Teilen der Strände nur noch schwache, gelbliche Lampen.

Sehenswert

J. N. Ding Darling National Wildlife Refuge

| **Naturpark** |

Gut ein Drittel von Sanibel steht unter Naturschutz. Auch gehen Zivilisation und Wildnis fast nahtlos ineinander über. Das ist maßgeblich das Verdienst von Jay Norwood »Ding« Darling. Dem Cartoonisten gelang es 1945, Präsident Harry S. Truman davon zu überzeugen, ein Dekret zum Schutze der Natur Sanibels zu unterzeichnen. So können Mangroven und Hartholzwälder auch heute noch vom Aussterben bedrohte Tiere beherbergen – darunter allein 220 Vogelarten.

■ 1 Wildlife Dr, Tel. 239/472 11 00, www.fws.gov, tgl. 7 Uhr bis Sonnenuntergang, 5 $/Fahrzeug

Restaurants

€€ | Trader's Store and Café Der »catch of the day« mit Macadamia-Kruste und Mangosauce oder geschwärzter Mahi Mahi (Goldmakrele) gehören zu den Spezialitäten dieses in einer Lagerhalle untergebrachten Lokals. Di–Do Livemusik. ■ 1551 Periwinkle Way, Sanibel, Tel. 239/472 72 42, www.traderssanibel.com, Mo–Sa 11–21 Uhr

€€€ | The Mad Hatter Neue amerikanische Küche der etwas aufwendigeren Art. Direkt am Strand gelegen, wo Sanibel und Captiva sich treffen. ■ 6467 Sanibel Captiva Rd, Tel. 239/472 00 33, www.madhatterrestaurant.com, tgl. 16.45–21 Uhr

Cafés

€ | Over Easy Café Sympathisches Lokal, in dem sich die Einheimischen zum Frühstück oder Lunch treffen, um unter anderem Filterkaffee alter Schule zu konsumieren. Große Portionen! ■ 630 Tarpon Bay Rd, Sanibel, Tel. 239/472 26 25, www.overeasycafesanibel.com, tgl. 7–15 Uhr

Einkaufen

Bailey's General Store Viele Unterkünfte auf Sanibel und Captiva sind für Selbstversorger ausgelegt. Dieser ausnehmend gut sortierte Supermarkt lässt (fast) keine Wünsche offen – vor allem nicht in der Weinabteilung. ■ 2477 Periwinkle Way, Sanibel, Tel. 239/472 15 16, www.baileys-sanibel.com, tgl. 7–21 Uhr

An der Tarpon Bay auf Sanibel Island können Kajaks ausgeliehen werden

Kinder

Bailey-Matthews National Shell Museum Das einzige Muschelmuseum der USA verfügt über eine riesige Sammlung sehenswerter Exemplare. Die Ausstellung wird mit anderen maritimen Themen und gelegentlich auch mit etwas Seemannsgarn garniert. Prima (auch) für einen Regentag. ■ 3075 Sanibel Captiva Rd, Sanibel, Tel. 239/395 22 33, www.shellmuseum.org, tgl. 10–17 Uhr, 15/9 $

Erlebnisse

14 **Bootstour nach Cabbage Key** Bereits bei der Ausfahrt aus der Marina von Captiva wird das Ausflugsschiff von Delfinen begleitet. Es folgt eine entspannte Tour durch den Pine Sound, ehe nach knapp anderthalb Stunden Cabbage Key erreicht ist. Auf der Privatinsel wartet neben einem Rundweg mit Aussichtsturm auch ein Restaurant, das leckere Stone Crabs und anderes Seafood serviert. Bei der anschließenden Rückfahrt dämmert es den Passagieren, dass man einen halben Tag kaum schöner verbringen kann. Country-Ikone Jimmy Buffett soll der Insel seinen Gassenhauer »Cheeseburgers in Paradise« gewidmet haben. ■ South Seas Island Resort (nicht vor dem Gate zurückschrecken, das Personal weiß Bescheid und weist den Weg zum Parkplatz). 5400 Plantation Rd, Captiva, www.captivacruises.com, tgl. 10–15 Uhr, 40/25 $ (Reservierung erforderlich)

Sport

Adventure Sea Kayak Die Kajaktouren durch die seichten Gewässer des Pine Sound sind auch für Anfänger geeignet. Unter der Anleitung von Meeresbiologen geht es in die Mangroven. Unterwegs begegnet man mit etwas Glück Delfinen, Manatis, Ottern und Fischadlern. ■ 15951 Captiva Dr, Captiva, Tel. 239/822 33 37, www.captivaadventures.com, vier Abfahrten zwischen 9 u. 16 Uhr, 43/32 $

Billy's Bikes Radfahren gehört auf den Inseln zum guten Ton. Hier können Räder ab 5 $ für zwei Stunden ausgeliehen werden. ■ 1470 Periwinkle Way, Sanibel, Tel. 239/472 52 48, www.billysrentals.com, tgl. 8.30–17 Uhr

21 Gasparilla Island

Schmale Insel mit allen Voraussetzungen für ein kleines Paradies

Information

■ Boca Grande Area Chamber of Commerce, www.bocagrandechamber.com

Gasparilla Island scheint wie gemacht für Ferien und Erholung: Wie eine etwas zu groß geratene und daher praktischerweise bewohnbare Sandbank trennt die Insel das Meer vom Pine Island Sound. Schon 1911 wurde das erste Hotel errichtet, was den Auftakt einer rasanten Erschließung markierte. Bald galt die Insel als bevorzugtes Revier für die Schönen und Reichen – unter anderem Audrey Hepburn und der Bush-Clan gehörten zu den regelmäßigen Besuchern. Aber auch gewöhnliche Urlauber steuern das 10 km lange Eiland mit dem Städtchen Boca Grande an. Mit Stränden, Dünen, einem State Park und einer guten Infrastruktur steht es hoch im Kurs und bietet für Familien mit Kindern einen idealen Rückzugsort.

Übernachten

Der Südwesten Floridas ist ein bevorzugter Aufenthaltsort für Reiche und ein entsprechend exklusives Urlaubsgebiet. Während Naples der wenig überraschende Standort für einige der luxuriösesten Resorts ist, haben auch die Domizile auf Sanibel und Captiva ihren Preis. Viele aber sind mit einer Küche ausgestattet, was einen Beitrag zur Entlastung des Budgets leistet. Mit Fort Myers Beach kennt die Region auch ein erschwingliches Reiseziel. Wie überall südlich einer gedachten Linie von Tampa bis Palm Beach gilt, dass die Preise von Dezember bis April mehr oder weniger doppelt so hoch sind wie im heißen Sommer.

Everglades City 110

€ | **Everglades City Motel** Das klassische amerikanische Motel stirbt langsam, aber sicher aus. Dieses unmittelbar am Rande der Everglades gelegene Haus aber wurde zweckmäßig modernisiert. Ein guter Ausgangspunkt für den Aufbruch in die Natur. ■ 310 Collier Ave, Everglades City, FL 34139, Tel. 239/695 42 24, www.evergladescitymotel.com

Marco Island 112

€€€ | **Lakeside Inn** Wo Hoteltürme eine regelrechte Skyline bilden, ist dieses Haus eine lobenswerte Ausnahme. Das an einem kleinen See gelegene Inn ist dem Stil eines vornehmen Motels nachempfunden, die 19 Zimmer sind fast vollständig weiß eingerichtet. ■ 155 1st Ave, Marco Island, FL 34145, Tel. 239/394 11 61, www.marcoislandlakeside.com

Naples 113

€–€€ | **Lemon Tree Inn** Eine bezahlbare Unterkunft in der Stadt der Reichen zu finden, ist nicht einfach. Diese gepflegte Anlage mit Pool und tropischem Garten beweist, dass es sogar in guter Lage möglich ist. Einzig der Verkehr kann in den vorderen Zimmern laut werden. ■ 250 9th St S, Naples, FL 34102, Tel. 239/262 14 14, www.lemontreeinn.com

€€–€€€ | **Naples Bay Resort** Vornehme Ferienanlage mit eigenem Hafen an der Bucht von Naples. Die schönen Suiten sind mit Balkonen ausgestattet und gewähren Blick aufs Wasser. Hier sieht Naples eher aus wie Venedig. ■ 1500 Fifth Ave, South Naples, FL 34102, Tel. 239/530 11 99, www.naplesbayresort.com

Fort Myers 114

€ | **Outrigger Beach Resort** Auch bei Deutschen beliebte Ferienanlage mit Pool, Tiki-Bar und gepflegten Zimmern an einem besonders breiten Strandabschnitt. ■ 6200 Estero Blvd, Fort Myers Beach, FL 33931, Tel. 239/463 31 31, www.outriggerfmb.com

€ | **The Dolphin Inn Resort** Freundliche Anlage mit 20 Zimmern (inklusive Kitchenette) und Pool. Zum Strand müssen die Gäste lediglich die Hauptstraße überqueren, nach hinten hinaus breitet sich ein typisches Florida-Szenario mit Kanälen, Bötchen und Palmen aus. ■ 6555 Estero Blvd, Fort Myers Beach, FL 33931, Tel. 239/463 60 49, www.dolphininn.net

€€ | **Hotel Indigo Downtown** Fort Myers ist aus seinem Dornröschenschlaf erwacht. Dieses im Stil eines Boutique-Hotels eingerichtete Domizil ist in einem Bau aus der Gründerzeit untergebracht. First Street und das Flussufer liegen direkt vor der Tür, mit dem Edison Estate ist auch die Hauptattraktion zu Fuß erreichbar. ■ 1520 Broadway Suite 104, Fort Myers, FL 33901, Tel. 239/337 34 46, www.ihg.com

Sanibel Island 117

€–€€ | **Anchor Inn and Cottages** Wer ohne großen Luxus und Meerblick auskommt, findet hier eine preiswerte Option für den Inselurlaub. Die Einrichtung ist blumig-altmodisch, einige Hütten sind – ein amerikanischer Klassiker – in der Form eines »A« gebaut. ■ 1245 Periwinkle Way, Sanibel Island, FL 33957, Tel. 239/395 96 88, www.sanibelanchorinn.com

€€ | **Shalimar Cottages** Kleine Ferienanlage mit 33 Wohneinheiten auf einem großzügigen Grundstück mit Pool, direktem Strandzugang, seitlichem Meerblick und komplett mit Küche eingerichteten Zimmern. Kein Frühstück. ■ 2823 West Gulf Dr, Sanibel, FL 33957, Tel. 239/472 13 53, www.shalimar.com

€€–€€€ | **Island Inn** Ruhiges Resort mit allem Komfort. Schuhe sind hier weitgehend überflüssig, denn die Cottages und Studios befinden sich bereits auf dem herrlichen Strand. Die Einrichtung der 49 Zimmer ist hell und freundlich, viele verfügen über Meerblick. ■ 3111 W Gulf Dr, Sanibel, FL 33957, Tel. 239/472 15 61, www.islandinnsanibel.com

Captiva Island 117

€€–€€€ | **'Tween Waters Inn** Größeres Resort, in dem die Gäste die Wahl zwischen Strandhütten mit plüschig amerikanischem Interieur und Zimmern mit eher tropischem Flair haben. Zur Anlage gehören ein großer Pool, Spa, Fitnesscenter und eine Marina mit einer Auswahl an Wassersportgeräten. Auch ist das Resort Ausgangspunkt der Adventure-Sea-Kajak-Touren (S. 119). ■ 15951 Captiva Dr, Captiva, FL 33924, Tel. 239/472 51 61, www.tween-waters.com

€€€ | **South Seas Island Resort** Eine Reise ans Ende der Welt. Diesen Eindruck vermittelt das Luxusresort gezielt – und tatsächlich ist am Eingangsportal der Nordzipfel von Captiva Island erreicht. Großzügige Zimmer mit Blick auf Meer oder Hafen, ein enormes Freizeitangebot und diverse Restaurants tragen Sorge dafür, dass die Gäste während des Aufenthalts gar nicht erst in Versuchung geraten, diesen Rückzugsort wieder zu verlassen. ■ 5400 Plantation Rd, Captiva, FL 33924, Tel. 239/472 51 11, www.southseas.com

Gasparilla Island 119

€€€ | **Gasparilla Inn & Club** Historisches Resort von 1913 mit 143 luxuriösen Zimmern, angeschlossenem Golfplatz und Spa-Bereich in traumhafter Lage – für ganz besondere Anlässe. ■ 500 Palm Ave, Boca Grande, FL 33921, Tel. 941/964 45 00, www.the-gasparilla-inn.com

Die Tampa Bay und die nördliche Golfküste

Die vielseitige Region eignet sich sowohl für einen Strandurlaub als auch zur Erkundung des Inlandes

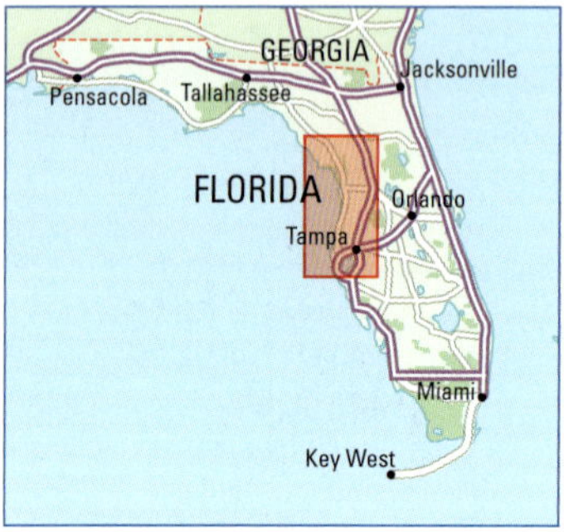

Mit der Sunshine Skyway Bridge überspannt ein spektakuläres Brückenbauwerk die Tampa Bay. Rund um den Meerbusen zeigt Florida viele verschiedene Gesichter: An der Südseite lockt mit Sarasota eine sehr kulturbewusste Kleinstadt. Die vorgelagerten Barriereinseln wie Anna Maria Island begeistern mit schneeweißen Stränden und einer durchweg niedrigen Bebauung. Auf der anderen Seite der Tampa Bay hat sich das boomende St. Petersburg zu einem lebendigen Hotspot entwickelt, der von seinen Museen profitiert. Gemeinsam mit der Schwesterstadt Clearwater steht die Region für ein weniger elitäres Urlaubsgebiet. Im Hinterland kann Tampa zwar noch nicht mit Miami als Metropole mithalten, doch in Sachen Shopping, Ausgehen, Entertainment, Sport und Lebensqualität belegt die Stadt einen unangefochtenen zweiten Platz in Florida. Nördlich der Tampa Bay zeigt der Sunshine State plötzlich ein anderes Gesicht: An der Küste lösen Wasser, Wald und Sumpfland die Kette der Trauminseln ab. Doch es manifestiert sich noch ein zweiter wichtiger Unterschied: Oberhalb einer gedachten Linie von Tampa über Orlando bis nach Melbourne nimmt der Einfluss der Tropen spürbar ab. Hauptsaison ist hier nicht der Winter, sondern die restliche Zeit des Jahres.

In diesem Kapitel:

ADAC Top Tipps:

6 **The Ringling, Sarasota**
| Museum |
Das Imperium eines Zirkusunternehmers umfasst eine Märchenvilla und eine beeindruckende Kunstsammlung. Zum Anwesen gehört auch ein weitläufiger Garten. 125

ADAC Empfehlungen:

15 The Dalí Museum, St. Petersburg

| Museum |

Die größte Sammlung Salvador Dalís außerhalb Europas stellt in einem kongenialen Gebäude alle Sinne auf den Prüfstand. 127

16 Clearwater Beach

| Strand |

Entspanntes Strandleben, herrliche Sonnenuntergänge, kurze Wege nach Tampa und eine gewisse Urbanität – das macht Clearwater zu einem Volltreffer für alle. 128

17 Craft Beer Trail, Clearwater

| Erlebnis |

Die Zeiten süßlicher Industriebiere sind vorbei – Amerika braut, was das Zeug hält. An der Tampa Bay gibt es nun eine Bierroute. 129

18 Ybor City, Tampa

| Stadtteil |

In Tampas Ausgehviertel haben Kubaner früher Zigarren gerollt. Mit ihren Backsteinbauten besitzt Ybor City einen besonderen Charme. 131

Innenhof des großartigen John and Mable Ringling Museum of Art in Sarasota

22 Myakka River State Park

Leicht zugängliches Naturreservat mit großer Diversität

■ 13208 State Rd 72, Sarasota, Tel. 941/361 65 11, www.floridastateparks.org, tgl. 8 Uhr bis Sonnenuntergang, 6 $/Fahrzeug

Mit einer Fläche von fast 150 km² gehört dieser State Park zu den größten des Staates. Vom Bett des namensgebenden Flusses über eine Seenplatte bis hin zu Trockenprärien, Blumenfeldern und Palmenwäldern beherbergt er eine weite Palette an Biotopen, die typisch für das Florida vergangener Tage sind. Park Ranger sprechen von einem perfekten Revier für abenteuerlustige Wanderer, die auch nach Tagen keine anderen Menschen zu sehen bekommen. Doch wir wären nicht in den USA, gäbe es nicht auch eine gute Infrastruktur für Tagesbesucher. Wer den Auto-Loop befährt, kann an der Oberfläche des Lake Myakka mit einiger Sicherheit die wachen Augen von Alligatoren entdecken. Eine Tour mit dem Airboat verspricht weitere Begegnungen mit der Fauna. Ein Canopy Walk schließlich führt über einen Steg von einer Palme zur nächsten – auf der Etage der Baumkronen.

23 Sarasota

Beliebter Wohnort mit dem Anwesen des Zirkusunternehmers John Ringling

i Information

■ Sarasota Convention and Visitors Bureau, 1945 Fruitville Rd, Tel. 941/706 12 53, www.sarasotafl.org, Mo–Fr 9–17, Sa 10–16 Uhr

Mit dem Anwesen des Zirkusunternehmers John Ringling (1866–1936) besitzt Sarasota eine absolute Top-Attraktion. Dessen Vorliebe für Kultur hat die 50 000-Einwohnerstadt verinnerlicht und weiterentwickelt. Wegen der lebendigen Innenstadt gilt Sarasota als beliebter Wohnort – und natürlich tragen die nahen Strände ihren Anteil dazu bei.

Sehenswert

The Ringling

| Museum |

6 *Großartiges Anwesen eines ehemaligen Zirkusmagnaten*

Die insgesamt sieben Ringling-Brüder haben im beginnenden 20. Jh. der amerikanischen Unterhaltungsindustrie den Weg geebnet. Mit einem eigenen Zug sind sie durch das gesamte Land gezogen, um vor Ort immer wieder aufs Neue eine temporäre Zirkusstadt mit mehreren Tausend Einwohnern aufzubauen. Mit enormen Reichtümern gesegnet ließen sich John Ringling und seine Frau Mable in Sarasota nieder, wo sie sich in einem üppig mit Banyan-Feigen bewachsenem Garten das märchenhafte Domizil Ca' d'Zan (1926) errichten ließen. Vorübergehend haben die Ringlings in Europa jedes Kunstwerk erworben, das auf dem Markt war. Im eigenen Kunstmuseum (1931) sind allein vier großformatige Rubens zu sehen. Eine weitere Ausstellung dokumentiert Aufstieg und Niedergang des Imperiums und zeigt Originalexponate aus jener Zeit.

■ 5401 Bay Shore Rd, Tel. 941/359 57 00, www.ringling.org, tgl. 10–17, Do bis 20 Uhr, 25/5 $

Restaurants

€ | **JDub's Brewing Company** Craft Beer liegt im Trend. Die Gerstensäfte dieser Brauerei sind in ganz Florida bekannt. Vor der Türe parken wechselnde Food Trucks aus der Region – so hip, dass es schon fast wehtut. ■ 1215 Mango Ave, Tel. 941/955 27 39, www.jdubsbrewing.com, Mo 14–20, sonst 11–24, So bis 22 Uhr

€€ | **Duval's New World Café** Die lebendige Innenstadt hat eine recht große Auswahl an Restaurants. Dieses hier ragt mit frischem Seafood heraus. ■ 1435 Main St, Tel. 941/312 40 01, www.duvalsfreshlocalseafood.com, tgl. 10–22, Fr, Sa bis 23, So bis 21 Uhr

Konzerte

Sarasota Opera Historisches Opernhaus mit 1122 Plätzen, das seltsamerweise fast ausschließlich im Februar und März bespielt wird. ■ 61 N Pineapple Ave, Tel. 941/328 13 00, www.sarasotaopera.org

In der Umgebung

Siesta Key

| Strand |

Die Strände der Insel werden regelmäßig unter die schönsten der USA gewählt. Es heißt, sie besitzen den feinsten weißen Sand des Planeten.

24 Anna Maria Island

Ruhige Barriereinsel mit behutsamer Bebauung am Rande der Tampa Bay

Information

■ www.bradentongulfislands.com

Als nördlichste Insel auf der Südseite ragt Anna Maria ziemlich vorwitzig in die Tampa Bay hinein. Von Wasser umgeben und von Kanälen durchzogen haben sich das Eiland und seine auf drei Orte verteilten 8500 Einwohner bislang erfolgreich gegen eine Vereinnahmung durch das große Geld gewehrt. Statt Fast Food, Hotelketten und Hochhäusern geben die Strände, Palmen und Tiefenentspanntheit den Lebensrhythmus auf der 13 km langen Insel vor. Sinnbild hierfür ist der etwas wacklig aussehende Pier, der – fast undenkbar im notorisch ängstlichen Amerika! – noch nicht einmal über ein Geländer verfügt. Das Highlight in den Abendstunden: wenn die Sonne langsam im Meer versinkt.

Restaurants

€ | **Gulf Drive Cafe and Tiki** Bei gleichbleibend makellosem Blick aufs Meer wird den ganzen Tag über Frühstück serviert – wer lieber mediterran dinieren will, kann dies ebenfalls vorzüglich.
■ 900 Gulf Dr N, Bradenton Beach, Tel. 941/778 19 19, www.gulfdrivetiki.com, tgl. 7–21.30 Uhr

25 St. Petersburg

Die vielseitige Stadt erlebt einen beispiellosen Aufschwung

Information

■ www.visitstpeteclearwater.com

Prosperierende Innenstädte mit kurzen Wegen sind ein Trumpf, den weite Teile Amerikas erst entdecken mussten. Seitdem St. Pete (wie alle sagen, die öfters hier waren) Museen, eine Markthalle und angesagte Restaurants sein Eigen nennt, geht es mit dem einst ziemlich zersiedelten Sorgenkind steil bergauf. Neben der an der Tampa Bay gelegenen Downtown kann die viertgrößte Stadt Floridas (250 000 Einwohner) an der Westseite der Pinellas-Halbinsel mit ihren Stränden einen weiteren Trumpf ausspielen. Angenehm volkstümlich ist die Atmosphäre am Pass-a-Grille Beach und dem dahinterliegenden Viertel.

Die Stadt hat in den letzten Jahren viel dazugewonnen: die Skyline von St. Petersburg

P Parken

Entweder an der Parkuhr oder in einem von drei städtischen Parkhäusern. Am günstigsten ist die Sundial Parking Garage. ■ 117 2nd Street N, www.stpete.org (»parking«), 1 $/Std., 7 $/Tag

Sehenswert

The Dalí Museum

| Museum |

15 *Der Surrealist ist auch im sonnigen Florida ein Publikumsmagnet*

Die sonnigen Gemüter Floridas und die surrealistischen Gemälde des Salvador Dali sind nicht zwangsläufig ein Paar, das gut zueinander passt. Doch die größte Sammlung außerhalb Europas besitzt eine enorme Sogkraft: Seit das Museum in ein skulpturales Gebäude am Jachthafen umgezogen ist, kommen mehr als 400 000 Besucher pro Jahr. Die Werke wurden seit den 1940er-Jahren vom Industriellenpaar Eleonor Reese Morse und Albert Reynolds Morse zusammengetragen. Ihre zum Teil expliziten Anspielungen auf die Sexualität sorgen bei manchem Besucher aus dem prüden Mittleren Westen noch heute für Empörung.

■ 1 Dalí Blvd, Tel. 727/894 60 68, www.thedali.org, tgl. 10–17.30, Do bis 20 Uhr, 24/17 $

Chihuly Collection at the Morean Arts Center

| Museum |

Dalí zieht die meisten Besucher in die Stadt. Doch die bizarren Glaskunstwerke des Bildhauers und Unternehmers Dale Chihuly (*1941) sind ein nicht minder psychedelisches Erlebnis. Die Sammlung ist an das gleichfalls sehenswerte Morean Arts Center für

Größte Sammlung des Künstlers außerhalb Europas: The Dalí Museum

zeitgenössische Kunst angegliedert und befindet sich in einem angrenzenden Neubau.

■ 720 Central Ave, Tel. 727/822 78 72, www.moreanartscenter.org, tgl. 10–17, So ab 12 Uhr, 20 $ (Morean Arts Center kostenl.)

Fort de Soto Park

| Naturpark |

Der Park ist über fünf Inseln verteilt, die sich in der Tampa Bay befinden. Abgesehen vom namensgebenden Fort ist die Bebauung spärlich, weshalb die Strände die Illusion völliger Abgelegenheit wecken. Eine ausreichende Zahl von Parkplätzen ist trotzdem vorhanden. Der North Beach (mit Spielplatz und Piratenschiff) wurde vor nicht allzu langer Zeit als bester Familienstrand ausgezeichnet.

ADAC *Mittendrin*

Märkte schienen in den USA schon weitgehend ausgestorben. Dann kam erst die »farm to table«-Bewegung und später der Hype um Street Food. Plötzlich nun sprießen allerorten »Markthallen 2.0« aus dem Boden. Als zeitgemäße Neuinterpretationen der im Mittelmeerraum weit verbreiteten Gebäude locken sie Foodies an, also Menschen, die sich für alle Trends rund ums Essen und Trinken begeistern. Der **Locale Market** in St. Petersburg war 2014 einer der Pioniere. Nun zieht man allerorten nach. Allein in Miami sollten 2018 sieben Food Markets unterschiedlicher Ausrichtung öffnen. *www.localegourmetmarket.com*

■ 3500 Pinellas Bayway S, Tel. 727/582 22 67, www.pinellascounty.org, tgl. 7 Uhr bis Sonnenuntergang, Parken 5 $

Restaurants

€ | **Locale Market** »Farm to table« heißt das Konzept, mit dem sich amerikanische Feinschmecker verstärkt gegen die Allgegenwärtigkeit großer Food-Konzerne zur Wehr setzen. In dieser Markthalle – »it's so European!« – gehen Lebensmittel im Originalzustand über die Theke oder sie werden von Köchen auf verschiedene Art veredelt. ■ 179 N 2nd Ave, Tel. 727/523 63 00, www.localegourmetmarket.com, tgl. 8–21, Sa, So bis 22 Uhr

€€ | **Ceviche** Katalanische Tapas-Küche mit südamerikanischen Einflüssen in einem historischen Gebäude. ■ 10 Beach Dr NE, Tel. 727/209 22 99, www.ceviche.com, tgl. 10–22, Fr, Sa bis 23 Uhr

26 Clearwater

Der populäre Strandort ist Weltrekordhalter in Sonnentagen pro Jahr

Information

■ www.visitstpeteclearwater.com

An 768 Tagen am Stück hat in Clearwater einst die Sonne geschienen. So ist es zumindest im Guinness-Buch der Rekorde verbrieft. Das ist nicht der einzige Vorzug der 110 000-Einwohnerstadt, die auf einer vorgelagerten Insel einen breiten Strand mit einer Infrastruktur besitzt, die bei Familien, amerikanischen Studenten (Stichwort: »spring break«) und einer Luxusklientel gleichermaßen gut ankommt. Sie alle können sich auf einen festen täglichen Termin freuen: den Sonnenuntergang, den Kleinkünstler, Straßenhändler und ihr Publikum gemeinsam am Pier feiern.

Parken

North Beach Parking, 490 Poinsettia Ave, 2 $/Std. (20 $ max.)

Sehenswert

Clearwater Beach
| Strand |

16 *Perfekter Ort für sonnige Tage am Strand oder in der Natur*

360 Tage Sonnenschein pro Jahr, entspanntes Strandleben, kurze Wege in die Schwesterstadt St. Petersburg oder nach Tampa und obendrauf eine gewisse Urbanität. Diese Kombination macht das Inselgefühl von Clearwater Beach für nahezu jede Zielgruppe erstrebenswert. Ach ja, obendrauf gibt es mit Caladesi Island und Honey-

moon Island zwei State Parks mit nahezu naturbelassenen Stränden.
■ www.floridastateparks.org

Marine Aquarium

| Aquarium |

Eine Story wie gemacht für Hollywood: Die junge Delfindame Winter hat ihre Schwanzflosse im Alter von wenigen Monaten schwer an einer Fischerei ausrüstung verletzt. Sie überlebte den Unfall im Jahr 2005, wonach ihr die Experten in der Pflegestation für Meeresticre eine Ersatzflosse konstruiert haben. Seitdem ist Winter zur Hauptdarstellerin zweier Spielfilme avanciert (»Mein Freund, der Delfin«, Teil 1 und 2), woraufhin sich das sonst so beschauliche Aquarium nicht mehr vor Besuchern retten konnte. Mittlerweile gibt es auch Bücher und Computerspiele über und mit Winter.
■ 249 Windward Passage, Tel. 727/441 17 90, tgl. 10–18 Uhr, im Sommer bis 20 Uhr, 25/20 $

Restaurants

€ | Badfins Seit Ende 2017 brandneu am Strand: Pulled Pork, Fish Tacos und als hauseigene Kreation Waffle Fries bilden gemeinsam mit einer guten Auswahl an Bieren kleiner Brauereien die Grundlage für einen nahrhaften und dabei kostengünstigen Abend. ■ 215 S Gulfview Blvd, Tel. 727/474 55 91, www.badfins.com, tgl. 11–21, Fr, Sa bis 22 Uhr

€ | Frenchy's Rockaway Grill Typische Strandbar im Florida-Stil: Mit Blick auf den Sonnenuntergang sind mit Thunfisch gefüllte Avocados oder Salat mit Zackenbarsch (»grouper«) und Walnüssen einfach zu lecker. ■ 7 Rockaway St, Tel. 727/446 48 44, www.frenchysonline.com, tgl. 11–24, Fr, Sa bis 1 Uhr

Einkaufen

17 **Craft Beer Trail** Freunde guter Gerstensäfte können aufatmen, denn die jahrzehntelange Alleinherrschaft süßlicher Industriebiere in den USA ist beendet. Seit einigen Jahren scheint jedes Dorf wieder mindestens eine Brauerei zu besitzen. Und deren Braumeister sind in der Regel ebenso talentiert wie experimentierfreudig. An der Tampa Bay gibt es nun eine Bierroute, die zwischen Tarpon Springs im Norden und St. Petersburg im Süden mehr als 30 Mikrobrauereien miteinander verbindet, die ihre Biere ausschließlich vor Ort verkaufen. Eine Tour mit Verkostung gestaltet sich allerdings schwierig, da es (noch) keinen Shuttle gibt. Einige Brauereien befinden sich ganz in der Nähe des Pinellas Trail, einer 80 km langen Fahrradroute an alten Gleisen. ■ www.visitstpeteclearwater.com

ADAC *Mobil*

Die Eisenbahn war Ende des 19. und Anfang des 20. Jh. bei der Erschließung und der folgenden Entwicklung Floridas von zentraler Bedeutung. Bald darauf haben sich die USA zum Land des Individualverkehrs entwickelt – und die meisten Bahngleise wurden überflüssig. Seit einigen Jahren setzt sich nun der Trend durch, die Trassen anderweitig zu verwenden: für **Radwege**. Der längste ist der **Pinellas Trail**, der über 80 km St. Petersburg und Tarpon Springs miteinander verbindet. Eine Liste der schönsten Wege ist im Internet abrufbar.
www.bikeflorida.net

27 Tampa

Die Hafenstadt an der Bay ist auf dem besten Weg zur Metrop

Der Riverwalk führt an etlichen Museen wie dem The Tampa Museum of Art vorbei

i Information

- Unlock Tampa Bay Visitors Center, 201 North Franklin St (im Tampa City Center's Plaza), Tel. 813/223 27 52, www.visittampabay.com, Mo–Sa 10–17.30 Uhr
- Parken siehe S. 132

Als Tampa 1849 offiziell gegründet wurde, deutete noch nicht viel auf eine glanzvolle Zukunft hin. Doch nachdem das Dorf 1884 von der Eisenbahn erschlossen wurde, ging es Schlag auf Schlag: In der Region wurden große Phosphorvorkommen gemeldet, aus Kuba, Spanien und Italien kamen Einwanderer en masse, ein erstes Grandhotel wurde errichtet und in den 1920ern wurden an der geschützten Tampa Bay die Fundamente für den nun wichtigsten Hafen Floridas gelegt. Heute ist die Stadt Mittelpunkt eines Ballungsraums mit rund 3 Mio. Einwohnern, der den Konkurrenzkampf mit Miami immer selbstbewusster angeht. Die Qualitäten als Wohnort und Wirtschaftsstandort halten sich die Waage, auch Entertainment und Einkaufsmöglichkeiten können sich sehen lassen. Spätestens seit die Stadt auch nonstop aus Deutschland angeflogen wird, ist Tampa somit ein heißer Tipp für ein Wochenende vor oder nach einem

Plan S. 133

Road Trip durch Florida. Hotspots sind das Ausgehviertel Ybor City sowie die Waterfront in Downtown.

Sehenswert

1 Busch Gardens

| Vergnügungspark |

Ein großzügiger Zoo für afrikanische Tiere in entsprechend stilisierten Lebensräumen und ein Vergnügungspark mit Fahrgeschäften, die vor allem Spaß mit Wasser versprechen. Das ist das merkwürdige Erfolgsrezept der Busch Gardens, die schon seit 1959 das Wort Entertainment in der Tampa Bay definieren. Mehr als 4 Mio. Besucher pro Jahr sprechen dafür, dass hierfür auch in der Gegenwart eine Nachfrage existiert. Befürworter argumentieren, dass der Park mit seinen Seilbahnen und Trolley-Bussen kunden- und tierfreundlich gemacht sei. Kritiker entgegnen, die exotischen Tiere lebten in Gefangenschaft fernab ihres natürlichen Lebensraums.

■ 10165 N McKinley Dr, Tel. 813/884 43 86, www.buschgardens.com, saisonal wechselnde Öffnungszeiten, 90 $

2 Riverwalk/Waterfront

| Promenade |

Auch viele amerikanische Städte sind um Fußgängerfreundlichkeit bemüht. Der rund 4 km lange Riverwalk ist dafür ein perfektes Beispiel: Von Tampa Heights im Norden führt er parallel zum Hillsborough River vorbei an diversen Museen, Parks und anderen Attraktionen. Bars und Restaurants komplettieren das Angebot. Der Riverwalk endet im Südosten am gut gemachten Florida Bay Aquarium. Das Projekt ist ein sehr gelungenes Beispiel für Stadterneuerung.

■ www.thetampariverwalk.com, Florida Bay Aquarium, 701 Channelside Dr, www.flaquarium.org, tgl. 9.30–17 Uhr, ab 25/21 $

3 Ybor City

| Stadtteil |

18 *Kuba-Flair, Zigarren und Partys auf engem Raum*

Ende des 19. Jh. wurde Ybor City von Migranten aus Kuba und Südeuropa gegründet. Die meisten von ihnen verdienten ihr Geld mit der Produktion von Zigarren. Zwar werden die luxuriösen Rauchwaren auch heute nur noch punktuell gefeiert. Doch die unter Denkmalschutz stehenden Backsteinbauten sind mittlerweile die hübsche Kulisse eines Ausgehviertels, in dem die Qualität sowohl der Geschäfte als auch der Restaurants und Bars stark auseinandergeht. Vor allem an Wochenenden geht es ordentlich zur Sache: Dann ist Ybor City eine der wildesten Partyhochburgen der USA.

■ Zwischen 6th u. 10th Ave sowie 13th u. 22nd St

ADAC *Mobil*

Die **Straßenbahnen** von TECO verbinden Ybor City mit der Waterfront und Downtown, an Wochenenden sogar bis 1.30 Uhr. *www.tecolinestreetcar.org*

4 Tampa Bay History Center
| **Museum** |

Wie sind Florida und die Tampa Bay zu dem geworden, was sie heute sind? Diese Frage beantwortet das Museum auf intelligente und informative Weise, wobei sowohl die indigenen Völker wie auch die frühen Migranten besondere Beachtung finden.

■ 801 Old Water St, Tel. 813/228 00 97, www.tampabayhistorycenter.org, tgl. 10–17 Uhr, 15/11 $

5 Glazer Children's Museum
| **Museum** |

Spielen, entdecken und Interesse wecken für die Welt von Wissenschaft und Kunst. Mit diesem Konzept erfreut das Familienmuseum nicht nur den Nachwuchs.

■ 110 W Gasparilla Plaza, Tel. 813/443 38 61, www.glazermuseum.org, Mo–Fr 10–17, Sa 10–18, So 13–18 Uhr, 15/9,50 $

Verkehrsmittel

In Tampa gibt es ein gut funktionierendes System von Leihfahrrädern, die Suche erfolgt über eine App, die Abrechnung über Kreditkarte. ■ www.coastbikeshare.com, ab 8 $/Tag

Parken

Parkplätze und Tiefgaragen sind in Tampa und Ybor City großzügig vorhanden. ■ www.tampasdowntown.com, 5–15 $/Tag

Restaurants

€€ | **Columbia Restaurant** Superlative gefällig? Das Lokal ist nach eigenen Angaben das älteste noch existierende in ganz Florida und zugleich das größte spanische Restaurant der Welt. Mitten in Ybor City gelegen erfreut es mit guten Tapas, kubanischem Ropa Vieja, iberischem Kolonialambiente und Flamenco. ■ 2117 E 7th Ave, Tel. 813/248 49 61, www.columbiarestaurant.com,

ADAC *Spartipp*

Das Leben in den Städten der Schönen und Reichen hat seinen Preis. Doch auch die Einwohner von Tampa und anderen bevorzugten Wohnorten der Elite möchten nicht jedes Mal tief in die Tasche greifen. Das wissen auch die Gastronomen: Um ihre Tische auch in den Tagesrandzeiten voll besetzen zu können, locken sie das Publikum mit **Happy Hours**. Meist zwischen 16 und 19 Uhr kosten Appetizer, Cocktails und andere nur die Hälfte oder noch weniger des Normalpreises.

Mo–Do 11–22, Fr, Sa 11–23, So 11.30–21 Uhr, Plan S. 133 d1 nordwestl.

€€ | Ulele Die Kunst der Native Americans, panamerikanische Küche und Craft Beer im gut abgehangenen Ambiente eines ehemaligen Wasserwerks. Dieses am Riverwalk gelegene Lokal vereint all diese Elemente mühelos. Das Indian Pale Ale ist hier vorzüglich. ■ 1810 N Highland Ave, Tel. 813/999 49 52, www.ulele.com, tgl. 11–22, Fr, Sa bis 23 Uhr, Plan S. 133 a1 nördl.

€€€ | Bern's Steak House Als eines der besten Steakhäuser des Landes gönnt sich dieses Lokal eine Weinkarte mit nicht weniger als 6800 Positionen. ■ 1208 S Howard Ave, Tel. 813/251 24 21, www.bernssteakhouse.com, tgl. 17–22, Fr, Sa bis 23 Uhr, Plan S. 133 a4 südwestl.

Einkaufen

International Plaza and Bay Street Top-Adresse in der Tampa Bay mit über 200 Geschäften und einer wachsenden Zahl von Restaurants an der frischen Luft. ■ 2223 N Westshore Blvd, Tampa, Tel. 813/342 37 90, www.shopinternationalplaza.com, Mo–Sa 10–21, So 11–18 Uhr, Plan S. 133 a1 nordwestl.

Events

Gasparilla Pirate Fest Jedes Jahr von Ende Januar bis Anfang März huldigt die Tampa Bay dem mutmaßlich fiktiven Piraten José Gaspar mit großen Paraden und anderen Festivitäten. ■ www.gasparillapiratefest.com

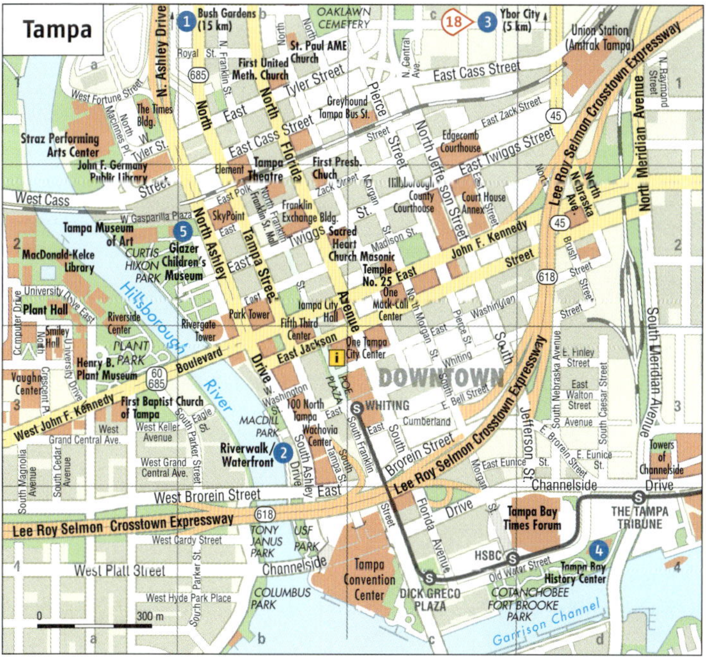

28 Tarpon Springs

Südeuropäisch eingefärbter Strandort mit einer ganz eigenen Identität

Information

- www.visitstpeteclearwater.com

Um das Jahr 1890 entdeckte ein Unternehmer enorme Naturschwammbetten vor der Küste. In der Folge warb er vornehmlich griechische Schwammtaucher an, die Tarpon Springs in der Folge ein unverwechselbares Gesicht gegeben haben. Im Laufe der Jahrzehnte setzten Algenepidemien den Schwammbeständen stark zu, doch die historischen Sponge Docks an den Ufern des Anclote River sind auch in der Gegenwart ein sehenswertes Stück Geschichte. Die Schwammindustrie konnte sich immerhin so weit erholen, dass sie touristischen Zwecken genügt. Die St. Nicholas Boat Line demonstriert im Rahmen von Bootstouren auf folkloristische Weise, wie das Naturprodukt seinerzeit geborgen wurde. Parallel zum Südufer des Flusses verläuft der Dodecanese Boulevard, der mit Antiquitätengeschäften, Importläden und natürlich Restaurants außergewöhnlich gesellig ist.

Bronzeskulptur eines Schwammtauchers an den Sponge Docks

- St. Nicholas Boat Line, 693 Dodecanese Blvd, Tel. 727/942 64 25, www.stnicholasboatline.com, tgl. 10–16.30 Uhr, 10 $

29 Homosassa Springs

Wasserreiche Quellen definieren diesen einzigartigen Lebensraum

Information

- www.floridastateparks.org

Flusslandschaften mit überdachten Booten, Palmen und Holzvillen gehören zu den Impressionen des ursprünglichen Floridas. In Homosassa werden die Flüsse von drei der lauwarmen Quellen gespeist, die vor allem im Norden des Staates vielerorts aus dem Boden hervorkommen.

Sehenswert

Ellie Schiller Homosassa Wildlife State Park

| Naturpark |

Der Naturpark beherbergt viele Spezies, deren Lebensraum von der Zivilisation stark zurückgedrängt wurde. Der Hauptquelle ist ein unterirdisches Observatorium angeschlossen, in dem Besucher täglich Manatis und unzählige Süß- und Salzwasserfische sehen können.

■ Wildlife State Park, 4150 S Suncoast Blvd, Tel. 352/628 53 43, www.floridastateparks.org, tgl. 9–17.30 Uhr, 13/5 $

30 Crystal River

Dank seiner warmen Quellen ist der Fluss ein Lieblingsort der Manatis

Information

■ www.discovercrystalriverfl.com

Die kosmopolitische Tampa Bay scheint weit weg. Dafür empfehlen sich die Ursprunglichkeit der Natur und der Charme der Südstaaten als gute Argumente für einen Aufenthalt. Die meisten Touristen aber wollen nur eines: mit Manatis schwimmen. Ausschließlich ihrem Schutz ist hier ein Naturreservat gewidmet.

Sehenswert

Crystal River National Wildlife Refuge

| Naturreservat |

Warme Quellen versorgen den Crystal River das ganze Jahr über mit wohltemperiertem Wasser. Diese Erkenntnis ist vielen ortsansässigen Manatis nicht fremd, die gern bei 23 Grad Ihre Wintertage verbringen. Während das bereits als absolute Besonderheit gilt, ist hier – ein weltweites Unikum! – auch das Schwimmen mit den sympathischen Rundschwanzseekühen erlaubt. Anbieter wie das Crystal Lodge Dive Center begleiten Schnorchler und Taucher auf verträgliche Weise.

■ 1502 SE Kings Bay Dr, Tel. 352/563 20 88, www.fws.gov, immer geöffnet, Eintritt frei; Crystal Lodge Dive Center, www.manatee-central.com, ab 45 $

31 Cedar Key

Die winzige Insel im Golf von Mexiko ist ein Stück altes Florida

Information

■ Cedar Key Welcome Center, 450 2nd St, Tel. 352/543 56 00, www.cedarkey.org, tgl. 10–16 Uhr

Abseits aller Touristenpfade erhebt sich diese kleine Insel auf dem Golf von Mexiko. Cedar Key wirkt ein wenig vergessen, hier scheint das alte Florida noch zu leben. Auch ist Platz für eine gewisse Trägheit, für alternative Lebensmodelle, für Künstler und Lebenskünstler. Das macht eine Stippvisite in der ehemaligen Holzfällerkolonie umso reizvoller.

Sehenswert

Cedar Key Historical Museum

| Museum |

Der deutsche Unternehmer Eberhard Faber hat ein Vermögen mit Bleistiften aus Zedernholz gemacht. Auf Cedar Key stand ab 1865 eine seiner Fabriken. Transportiert wurde die Ware mit der Florida Railroad, die der Konkurrenz anderer Eisenbahnen auf Dauer nicht gewachsen war. Wer an Episoden dieser Art Gefallen hat, ist hier richtig.

■ 609 2nd St, Tel. 352/543 55 49, www.cedarkeyhistoricalmuseum.org, So–Fr 13–16, Sa 11–17 Uhr, 3 $

Restaurants

€€ | **Steamer's** Seafood am hübsch abgerockten Hafen. ■ 420 Dock St, Tel. 352/543 51 42, www.steamerscedarkey.com, tgl. ab 11 Uhr

Übernachten

Die Tampa Bay befindet sich auf der Schwelle von Nord- zu Südflorida. Der Winter ist hierdurch nicht ganz so klar als teure Hauptsaison definiert wie in Miami oder auf den Keys, wodurch die Preisschere zwischen den Jahreszeiten nicht gar so weit auseinandergeht. Dennoch können Hotels je nach Saison mal in die eine Preisklasse und dann wieder in andere fallen. Auch der Hang zu Originalität und ausschweifendem Luxus lässt spürbar nach. So fällt die Präsenz der großen amerikanischen Hotelketten hier mehr ins Gewicht, doch auch das gute, alte Motel konnte in aufgehübschter Version mancherorts überleben.

Sarasota 124

€€–€€€ | **Hotel Indigo** Die Trendmarke des größten Hotelkonzerns der Welt (IHG u.a. mit Holiday Inn) positioniert ihre Häuser in den angesagten Vierteln hipper Städte. Auch hier sind alle Attraktionen der Innenstadt bequem zu Fuß erreichbar. Die Zimmer sind hell und freundlich. ■ 1223 Blvd Of The Arts, Sarasota, FL 34236, Tel. 941/487 38 00, www.ihg.com

Anna Maria Island 125

€€ | **Haley's Motel** Die Unterkunft paart den Charme des alten Floridas mit den Annehmlichkeiten der Gegenwart. In den üppigen Gärten und am Pool können die Gäste die Kunst des Grillens gleich doppelt interpretieren. ■ 8102 Gulf Dr, Holmes Beach, FL 34217, Tel. 941/778 54 05, www.haleysmotel.com

€€–€€€ | **Seaside Resort** Kleines Resort wahlweise mit komplett eingerichteten Studios und Balkon und direktem Zugang zum Strand. ■ 2200 Gulf Dr N, Tel. 941/778 52 54, Bradenton Beach, FL 34217, www.annamariaislandresorts.net

St. Petersburg 126

€ | **Hollander Hotel** Sympathische Unterkunft mit modernen Zimmern und Pool mitten in der City. Freundliches Personal und für Florida ungewohnt niedrige Preise. Das nebenan gelegene Schwesterhotel Avalon geht stilistisch mehr in Richtung Art déco. ■ 421 4th Ave N, St. Petersburg, FL 33701, Tel. 727/873 79 00, www.hollanderhotel.com

€€ | **Island's End Resort** Populäre Unterkunft in sehr ruhiger Lage am Südende der Halbinsel Pass-a-Grille mit voll eingerichteten Cottages. Möglichkeiten zum Angeln und Bootstouren. ■ 1 Pass A Grille Way, St. Pete Beach, FL 33706, Tel. 727/360 50 23, www.islandsend.com

€€€ | **Loews Don Cesar Hotel** Die lachsfarbene Trutzburg besitzt alle Qualitäten einer Landmarke: 1928 eröffnet, zählte das Hotel schon in jungen Jahren Zelebritäten wie den Schriftsteller F. Scott Fitzgerald zu seinen Besuchern. Seitdem hat das glamouröse Stranddomizil eine wechselvolle Geschichte erlebt. Gegenwärtig steht das Cesar wieder hoch im Kurs. ■ 3400 Gulf Blvd, St. Pete

Beach, FL 33706, Tel. 727/360 18 81, www.doncesar.com

Clearwater Beach 128

€€€ | Sandpearl Resort Ein Bau mit postmodernen Anklängen, großem Pool, verschwenderischem Einsatz europäischen Marmors und geräumigen Suiten, die teils um herrliche Balkone oder Terrassen erweitert sind. So sieht Luxus in der Idealvorstellung der Amerikaner aus. Damit das Parken nicht zu viel Mühe macht, übernimmt der Valet Service vor dem Eingangsportal. ■ 500 Mandalay Ave, Clearwater Beach, FL 33767, Tel. 727/441 24 25, www.sandpearl.com

Tampa 130

€–€€ | The West Wing Schickes Boutique-Hotel mit moderner Ausstrahlung am nördlichen Stadtrand zwischen Universitätsviertel und Busch Gardens. ■ 2501 E Fowler Ave, Tampa, FL 33612, Tel. 813/559 80 00, www.westwinghotel.com

€€–€€€ | Epicurean Luxuriöse Unterkunft im Geiste eines Boutique-Hotels im Soho-Viertel südwestlich von Downtown. Das Haus hat sich auf Gourmets spezialisiert und verschweigt in seinem Namen, dass es zum Marriott-Konzern gehört. ■ 1207 S Howard Ave, Tampa, FL 33606, Tel. 813/999 87 00, www.epicureanhotel.com

€€–€€€ | Le Méridien Durchgestyltes Komforthotel in Downtown. Die meisten Attraktionen vom Riverwalk bis zur Channelside (mit Aquarium) und Ybor City sind bequem zu Fuß oder per Trolley erreichbar. ■ 601 N Florida Ave, Tampa, FL 33602, Tel. 813/221 95 55, www.lemeridientampa.com

Crystal River 135

€ | The Plantation Zimmer und Flure sind zum Teil etwas in die Jahre gekommen, doch Südstaatencharme und die Nähe zu vielen Wasseraktivitäten sind ein guter Trost. ■ 9301 W Fort Island Trail, Crystal River, FL 34429, Tel. 352/795 42 11, www.plantationoncrystalriver.com

ADAC *Das besondere Hotel*

Das winzige Cedar Key war lange eine Hochburg der Holzindustrie. Dank seiner abgeschiedenen Lage ist das Inselchen bis heute von den Touristenströmen abgeschirmt. Das **Cedar Key Island Hotel B&B** sieht dabei noch immer wie in der Pionierzeit aus: Holzveranda, Ventilatoren und Zimmer wie aus einem Western. Wenn sich am Abend in der Bar der halbe Ort trifft, ist alles wie in alten Zeiten.
€ | 373 2nd St, Cedar Key, Tel. 352/543 51 11, www.islandhotel-cedarkey.com

Orlando und die nördliche Atlantikküste

Themenparks und Kunstwelten dominieren Zentralflorida – an der Küste geht es derweil entspannt zu

Orlando tritt mit dem sehr selbstbewussten Superlativ auf, die Welthauptstadt des Vergnügens zu sein. Tatsächlich ist die Konzentration von Themenparks und ihren Abwandlungen in Zentralflorida konkurrenzlos hoch. Ganz anders die Qualitäten der Atlantikküste, die sich zwischen der Weltraumstation Cape Canaveral und der Grenze zu Georgia überraschend abwechslungsreich gibt. Unprätentiöse Ferienorte wie Cocoa Beach müssen im Kampf um die Gunst der Urlauber gegen einen amerikanischen Mythos wie Daytona Beach antreten, wo die Autos bekanntlich nicht nur auf den Rennstrecken, sondern auch auf dem Strand unterwegs sind. Weiter nördlich folgt das in Europa noch weitgehend unbekannte St. Augustine, das als die älteste kontinuierlich von europäischen Siedlern bewohnte Stadt der USA gilt. Wieder ein leicht merkwürdiger Superlativ, hinter dem sich aber in diesem Fall ein charmantes Städtchen verbirgt. Ganz in der Nähe wartet mit Jacksonville die flächenmäßig größte Stadt der USA (ja, noch ein Superlativ), ehe der Sunshine State auf Amelia Island endet. Mit weiten Stränden, wie es sich gehört.

In diesem Kapitel:

ADAC Top Tipps:

7 **Universal Studios, Orlando**
| Themenpark |
Spätestens seit dem Einzug von Harry Potters »Wizarding World« fasziniert der Themenpark nicht mehr nur Filmfreaks. Am Abend trifft man sich dann zum Entertainment auf dem Universal City Walk. 146

32

8

UNITED STATES

8 **Cape Canaveral und Kennedy Space Center, Merritt Island**

| Museum |

Die NASA-Basis hat viele Momente erlebt, welche die Menschheit nach vorn gebracht haben. Besucher können mit Astronauten reden und Original-Raketen besichtigen. 149

ADAC Empfehlungen:

19 **Winter Park, Orlando**

| Stadtteil |

Eine Enklave von Ruhe und Kultiviertheit in der Welthauptstadt des Vergnügens. 142

20 **St. Augustine**

| Stadtbild |

Superlative regieren die Welt: Seit St. Augustine als älteste, dauerhaft bewohnte Stadt Amerikas gilt, kommen die Touristen in Scharen. 151

21 **Amelia Island**

| Insel |

Atlantikluft auf breiten Stränden, historischer Boden, Haifischzähne und die Fähre zu einer geschichtsträchtigen Insel verleihen dem Ort eine besondere Aura. 154

32 Orlando

Die »fun capital of the world« ist eine Welt für sich

Lake Eola und andere Seen verleihen Orlando eine attraktive Note

Information

- Visit Orlando Official Visitor Center, 8102 International Dr, Tel. 407/363 58 72, www.visitorlando.com, tgl. 8–21 Uhr
- Parken siehe S. 141, 142

Orlando ist vielleicht der ultimative Prototyp für amerikanischen Erfindungsreichtum: Ohne eigene Attraktionen zu besitzen, hat sich die Stadt in Zentralflorida in weniger als einem halben Jahrhundert zur meistbesuchten Stadt der USA mit jährlich 63 Mio. Besuchern gemausert. Maßgeblichen Anteil daran haben die Themenparks von Walt Disney, die seit 1971 eine stetig wachsende Masse an Fans anziehen. Disney World kostete bis zu seiner Fertigstellung rund 400 Mio. US-Dollar und wird seitdem ständig erweitert und ausgebaut. Bald wollte die Konkurrenz etwas vom Kuchen abhaben – und so sind mit den Universal Studios und Seaworld weitere Themenparks entstanden, die zur Bespaßung ihrer Kunden keinen noch so großen Aufwand scheuen. Hinzu kommen Spezialisten für eher altmodische Vergnügen wie Wasserrutschen und exotische Tiere. Rein kommerzielle Einrichtungen ohne jeden geografischen Kontext wie eine Titanic-Ausstellung runden das Angebot ab.

Plan S. 143

ADAC *Mobil*

Orlando ist weitläufig und daher eine Autostadt. Für den Transport in der City stehen allerdings **vier kostenlose Buslinien** zur Verfügung (LYMMO).
www.golynx.com

Downtown

Hochhäuser, Bars und ein überraschend schöner See prägen die Innenstadt

Orlando mag wie eine Stadtwüste wirken. Doch immerhin besitzt auch diese eine Innenstadt: Rund um die North Orange Avenue bilden einige stilvolle Backsteinhochhäuser der ersten Stunde gemeinsam mit postmodernen Wohntürmen eine typische amerikanische Downtown.

Sehenswert

1 Central Business District

| Stadtbild |

Die Bars und Restaurants von West Church, Wall und Eat Pine Street verbreiten unerwartet urbane Schwingungen. Nur drei schmale Blocks weiter östlich lockt mit Lake Eola einer von vielen Seen, die Orlando eine attraktive Note verleihen.

2 Harry P. Leu Gardens

| Botanischer Garten |

Anwesen aus der noch nicht so lange zurückliegenden Gründerzeit Floridas verbreiten immer eine gewisse Melancholie. Das trifft auch auf Harry P. Leu Gardens zu. Ursprünglich eine Tabakfarm hat der Millionär die 20 ha große Anlage 1936 erworben. In den folgenden Jahrzehnten haben er und seine Frau von ihren Reisen eine enorme Anzahl subtropischer Pflanzen mitgebracht, deren Anblick als Kontrast zu den bonbonfarbenen Themenparks eine Wohltat ist.

■ 1920 N Forest Ave, www.leugardens.org, Tel. 407/246 26 20, tgl. 9–17 Uhr, 10/5 $

Parken

In Downtown Orlando stehen zwölf Parkhäuser zur Auswahl. ■ www.cityoforlando.net/parking, 1–2 $/Std., 15 $ max.

ADAC *Mobil*

Der Amerikaner der Gegenwart parkt zu ausgesuchten Anlässen nicht mehr selbst sein Auto. Lieber lässt er parken. Der vor allem von Hotels und Restaurants angebotene Service nennt sich **»valet parking«** und hat natürlich seinen Preis: Meist kostet der Spaß zwischen 5 und 15 $ plus Parkgebühren.

Winter Park

19 *Orlandos Vorzeigestadt überrascht mit urbanem Charme*

Fußgängerfreundliche Straße mit eigentümergeführten Geschäften und eine hübsche Seenplatte sind ein wohltuender Kontrast zur Unterhaltungsindustrie Orlandos.

Sehenswert

3 Lake Osceola

| See |

Die vielen unterschiedlichen Seen Orlandos wirken wie ein landschaftsarchitektonischer Kunstgriff zur Optimierung des Stadtbilds. Besonders offensichtlich wird das bei einer Bootstour über den Lake Osceola und den angrenzenden Lake Virginia, an deren Ufern die Villen von Stars aus Show-Business und NBA um gebührende Aufmerksamkeit buhlen. Die aus dem Wasser ragenden Sumpfzypressen, auf deren Ästen Raben und Kormorane thronen, verleihen der einfachen und gut kommentierten Tour je nach Wetter eine morbide Note.

■ 312 E Morse Blvd, Winter Park, www.scenicboattours.com, tgl. 10–16 Uhr, 14/7 $

4 South Park Avenue

| Einkaufsstraße |

Charmante Einkaufsstraße mit Bars und teils inhabergeführten Geschäften. Das Publikum hat Freude daran, an der frischen Luft zu lunchen und zu Fuß unterwegs zu sein.

Parken

An den meisten Straßen ist das Parken für 3 bis 4 Stunden erlaubt, an der Ecke New York Ave/Morse Blvd (bei der Amtrak-Station) ganztägig.

Restaurants

€€ | **The Ravenous Pig** Nachhaltige Zutaten nach dem »farm to table«-Prinzip und gekonnte Zubereitung von Gerichten wie Kabeljau in Chorizo-Kruste. Mit Bier aus eigener Herstellung.

■ 565 W Fairbanks Ave, Winter Park, Tel. 407/628 23 33, www.theravenouspig.com, tgl. 11.30–22, So bis 21 Uhr, Plan S. 143 c1

International Drive und Themenparks

Über fast 20 km windet sich die Straße durch die Stadt

Orlandos Vergnügungsstraße führt tief in die Welt der Themenparks, Einkaufszentren, Restaurants und Bars. Gemeinsam sorgen sie für ein nie enden wollendes Angebot an Spaß, Unterhaltung und Verpflegung.

Sehenswert

5 Walt Disney World Magic Kingdom

| Themenpark |

Eine amerikanische Ikone: Wer nach einer beträchtlich langen Anfahrt die

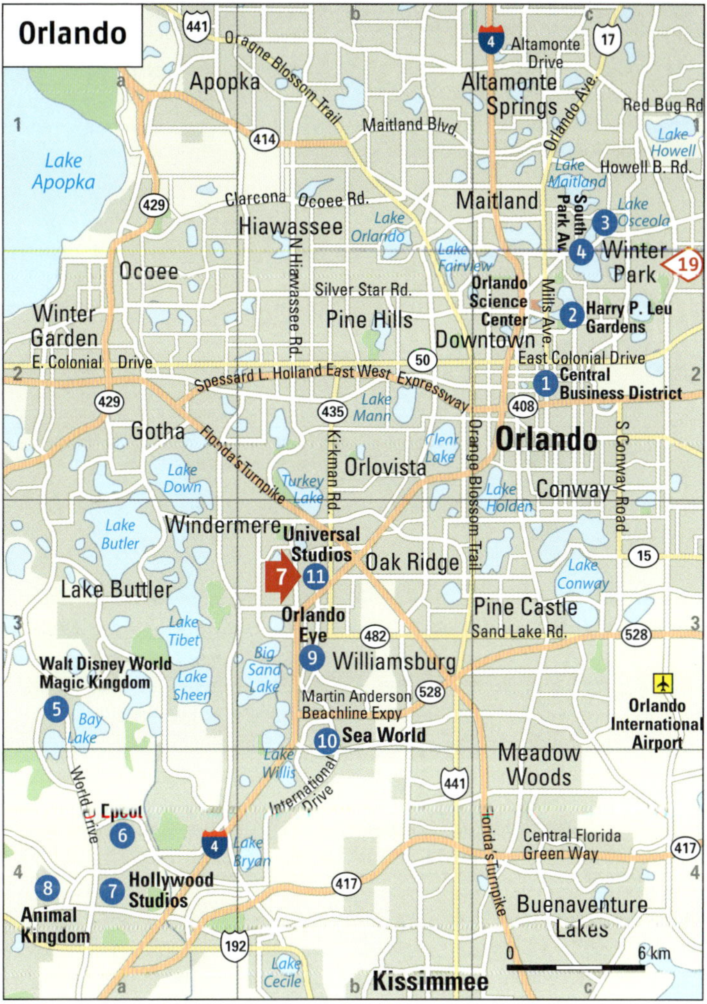

enormen Parkplätze von Disney World erreicht, um optional mit dem Elektro-Trolley zum Bahnhof und anschließend mit einer futuristischen Monorail bis zum eigentlichen Park zu fahren, erlebt eine gut geölte Maschine. Nach der inzwischen obligatorischen Sicherheitskontrolle erfolgt der Einlass zu Main Street USA – eine nostalgische Erinnerung an die ideale Kleinstadt vergangener Zeit mit Süßwarengeschäften und Souvenirs. Während im Hintergrund bereits die Silhouette von Cinderella Castle erscheint, erneuern die Besucher ihre Freundschaft mit allerlei Figuren aus den Comics des Disney-Imperiums, die in wechselnden Formationen umherflanieren. Sternförmig um den zentralen Platz angelegte Wege führen zu Achterbahnen,

Fachwerk, Bier und Kuckucksuhren: deutsches Dorf im Disney-Themenpark Epcot

Karussells und anderen Attraktionen, vor denen sich mehr oder weniger lange Schlangen bilden. Die obligatorische Wartezeit wiederum kann über die Aktivierung des »Fast Pass« verkürzt werden, der mit einem kleinen Kontingent bereits im Eintrittspreis enthalten ist. Auf Schienen geführte Umzüge im Stil des rheinischen Karnevals und ein immer gleiches Feuerwerk über Cinderella Castle (dem Nachbau von Schloss Neuschwanstein) runden die Illusion von einer perfekten Welt ab. Dabei, aber das nur am Rande, gilt es Regeln einzuhalten: Wer den streng choreografierten Show-Abläufen im Weg steht, wird vom Personal fortbewegt. Bier und andere Alkoholika fehlen auf den Speisekarten der hochpreisigen Restaurants, als ob sie die Illusion von einer makellosen Ersatzwelt gefährdeten. Doch machen wir uns nichts vor: Was europäische Kulturskeptiker zu Nachdenklichkeit veranlassen mag, ist den allermeisten Kindern egal. Sie werden von ihrem Besuch schwärmen. Insofern funktioniert sie, die gut geölte Maschine des Disney-Konzerns.

■ Walt Disney World Resort, Orlando, 40 km südwestl. von Downtown, Tel. 407/939 52 77, www.disneyworld.disney.go.com, wechselnde Öffnungszeiten, mind. 9–21 Uhr, je nach Saison und Wochentag 109/103–129/123 $ plus Steuern, bei Mehrtagestickets nimmt der Preis graduell ab, Parken 22–45 $/Tag

6 Epcot

| Themenpark |

Wissenschaft, Technik und fremde Welten sind die Hauptthemen von Epcot, mit denen sich der zweite Park in der Disney-Hierarchie vornehmlich an Erwachsene richtet. Hinter dem Namen steckt die Abkürzung Experimental Prototype Community of Tomorrow, ein Thema, das Walt Disney (1901–1966) Zeit seines Lebens beschäftigt hat. Auf Entwürfe für künftige Formen des Zusammenlebens verzichtet der Park zwar. Doch die »Future World« macht die Besucher unter anderem mit der Simulation eines Raketenstarts (ein Erlebnis!) und der Absolvierung einer Autorennstrecke auf unterhaltsame Weise mit den Grenzen des technisch Machbaren vertraut. Der andere Teil des Parks ist als »World Showcase« jenen Ländern des Planeten gewidmet, die nicht USA heißen und die manchem Amerikaner noch fremder als der Weltraum sind: Rund um einen See sind im Stil einer Weltausstellung Pavillons von Ländern mit ihren typischen Merkmalen gruppiert. Deutschland wird als eine Art Zwitter aus Heidelberg, Schwarzwald und Bayern abgebildet, wo die Kuckucksuhren nie müde werden und das Bier in Strömen fließt.

■ Walt Disney World Resort, Orlando, 40 km südwestl. von Downtown, Tel. 407/939 52 77, www.disneyworld.disney.go.com, wechselnde Öffnungszeiten, mindestens 9–21 Uhr. 102/96–122/116 $ plus Steuern, bei Mehrtagestickets nimmt der Preis graduell ab, Parken 22–45 $/Tag

ADAC *Spartipp*

Ein **Parkhopper-Ticket** für alle vier großen Parks (Magic Kingdom, Epcot, Animal Kingdom, Hollywood Studios) kostet um die 175 $. Gut zu wissen ist, dass viele Großhotels kostenlose **Shuttles** zu den Themenparks anbieten. Auch gibt es **Sonderangebote** auf der Webseite des Tourismusbüros von Orlando.
https://tickets.visitorlando.com

7 Hollywood Studios
| Themenpark |

Die Standbeine des Disney-Konzerns sind nicht nur Comics und Vergnügungsparks, sondern natürlich auch Filme. Hollywood-Fans können hier einen tiefen Blick in die Trickkiste der Produzenten, Regisseure und Zeichner werfen, aber natürlich auch den Nachbau klassischer Szenen und Sets begutachten. Dabei kommen vor allem die Anhänger der Animationsfilme aus den Pixar-Studios und der »Star Wars«-Saga von George Lucas auf ihre Kosten. Auch viele Restaurant- und Catering-Stationen greifen Filmthemen auf. Im Sci-Fi Dine-In Theater Restaurant etwa erfreuen sich die Speisenden am Tisch der Gesellschaft von Zombies.

■ Information siehe Epcot S. 144

8 Animal Kingdom
| Themenpark |

Eine Safari durch afrikanische Savannen, Expeditionen durch die Dschungel Asiens und eine Spurensuche in den einstigen Biotopen amerikanischer Dinosaurier. All dies simuliert das 1998 als Konkurrenzprodukt zu Tampas Busch Gardens eröffnete Animal Kingdom mit den bekannten Zutaten nachgebauter Landschaften, rasanter Fahrgeschäfte und lebendiger Tiere. Dreh- und Angelpunkt ist der »Tree of Life«, ein über 40 m hoher Baobab-Baum, der 325 existente und ausgestorbene Spezies vereint. Neueste Attraktion ist das 2017 eröffnete Pandora,

Plan S. 143

das seine Inspiration aus James Camerons Spielfilm »Avatar« gewonnen hat.

■ Information siehe Epcot S. 144

ADAC *Mittendrin*

Viele Amerikaner halten es für eine Art Pflicht, einmal im Leben zu den **Themenparks von Walt Disney World** zu pilgern. Dabei ist der Besuch alles andere als kostengünstig: Bei Eintrittspreisen von mehr als 100 $ pro Tag, zwei Übernachtungen (am liebsten in den parkeigenen Hotels) und Essen können für eine vierköpfige Familie leicht 1500 $ zusammenkommen. Doch Geld scheint keine große Rolle zu spielen: Allein die vier großen Disney-Parks in Orlando haben 2016 rund 53,7 Mio. Menschen besucht.

9 Icon Orlando

| Riesenrad |

Was andernorts erfolgreich ist, muss auch in Orlando eine Chance haben. Frei nach dieser Maxime wurde 2015 ein Riesenrad eröffnet, das dem London Eye an der Themse nachempfunden ist. Die Passagiere blicken aus einer Höhe von maximal 122 m auf die Auswüchse der Vergnügungshauptstadt der Welt. Eine Umdrehung dauert 23 Minuten, an klaren Tagen reicht der Blick schon mal bis Cape Canaveral.

■ 8401 International Dr, iconorlando.com, tgl. 10–22, Fr, Sa bis 24 Uhr, 28 $

10 Seaworld

| Themenpark |

In Gefangenschaft gehaltene (Meeres-)Tiere werden mehr und mehr unpopulär. Das beweisen auch die Besucherzahlen von Seaworld, das lange Zeit wegen seiner Shows mit Killerwalen beliebt war: Diese sind von knapp sechs auf nunmehr 4,4 Mio. pro Jahr zurückgegangen, was immer noch für einen Platz in den Top Ten der USA genügt. Zu sehen bekommen Sie auch Vorführungen mit Delfinen und Seehunden. Neuerdings gehört eine Auffangstation für verletzte Manatis zu Seaworld, dessen Betreiber nunmehr sehr um Imagepflege bemüht sind. Ein Unterwassertierpark, die üblichen Achterbahnen und andere Fahrgeschäfte runden das Angebot ab.

■ 7007 Sea World Dr, etwa 24 km südwestl. von Downtown, Tel. 407/545 55 00, www.seaworld.com, wechselnde Öffnungszeiten, mindestens 10–18 Uhr, ab 100 $ (Onlinerabatte bis zu 20 %)

11 Universal Studios

| Themenpark |

7 *Harry Potters opulenter Einzug im Sunshine State*

Von der grellen Sonne Floridas führt der Weg direkt zur King's Cross Station, wo der Hogwarts Express vom verborgenen Gleis 9 3/4 nach Hogsmeade abfährt. Während der Fahrt in der nostalgischen Bahn nähren Bilder aus britischen Hügellandschaften die Illusion von einem Ausflug in die Welt des Harry Potter. Mit liebevoll nachgestellten Szenen dieser Art verstehen es die Studios, Anhänger amerikanischer Filme und der Popkultur im Allgemeinen in den Bann zu ziehen. Gleichzeitig freilich werden die Besucher dazu animiert, ein Ticket für beide Teile des Parks zu lösen, also für die Universal Studios und Island of Adventures, wo die mit Kunstschnee bedeckten Attraktionen aus den Potter-Filmen warten. Auch Exkursionen an legendäre

Filmschauplätze in New York, San Francisco und Hollywood gehören zum Pflichtprogramm, wobei Begegnungen mit den Dinosauriern aus »Jurassic Park«, dem »Terminator« Arnold Schwarzenegger und den »Men in Black« unterwegs für Nervenkitzel sorgen. Homer Simpson schließlich verkauft im Realität gewordenen Springfield sogar sein hauseigenes Bier der Marke Duff. In deutlicher Abgrenzung zu den Disney-Parks laden die Universal Studios außerhalb des Parks auf den Citywalk mit vielen Clubs und Restaurants.

■ 6000 Universal Blvd, 16 km südwestl. von Downtown, www.universalorlando.com, wechselnde Öffnungszeiten, mindestens 9–18 Uhr (meist deutlich länger), Tickets ab 115 $ (170 $ für beide Parks), Parken 20/30 $/Tag

Restaurants

€€ | Café Tu Tu Tango Internationale Vorzeigegerichte in Tapas-Größe in farbenfrohem Ambiente. Die heimische Fauna steuert wilde Alligator-Nuggets bei, die mit Key-Lime-Senf gewürzt sind (und ein wenig wie Hühnchen schmecken). ■ 8625 International Dr, Tel. 407/248 22 22, www.cafetututango.com, Mo–Do 11–24, Fr, Sa 11–1, So 10–23 Uhr, Plan S. 143 b2

Gefällt Ihnen das?

Wenn Ihnen eher anspruchsvolles Entertainment wie in den **Universal Studios** zusagt, sind Sie auch in **Cape Canaveral** (S. 149) und Disneys **Epcot-Park** (S. 144) gut aufgehoben.

Die Universal Studios ziehen mit nachgestellten Filmszenen die Besucher in ihren Bann

Einkaufen

Premium Outlets International Drive Outlet-Version einer Luxus-Mall mit mehr als 150 Geschäften. Sowohl Billigware zu überhöhten Preisen wie auch gute Qualität mit bizarr hohen Rabatten. ■ 4951 International Dr, www.simon.com, tgl. 10–23 Uhr, Plan S. 143 b3

33 Kissimmee

Aufstrebende Vorstadt der Vergnügungskapitale mit eigenen Attraktionen

Information

■ www.experiencekissimmee.com

Die Spaßhauptstadt der Welt endet nicht an den Stadtgrenzen Orlandos. Vielmehr befinden sich die Disney-Parks zum Teil auf dem Territorium der Nachbarstadt (60 000 Einwohner). Zudem haben sich hier allerlei Vergnügungsstätten zweiten und dritten Grades angesiedelt, darunter Minigolfplätze, Wasserparks, Eislaufhallen und das auf angenehme Weise altmodische Gatorland. Auch bürsten die aus den Everglades bekannten Airboats durch die Seenplatten.

Sport

Icefactory Schlittschuhlaufen und Eishockey im Sunshine State. ■ 2221 Partin Settlement Rd, Tel. 406/933 42 59, www.icefactory.com, Mo–Sa 10–22, So 13–21 Uhr, 12 $

Kinder

Gatorland Alligatoren hautnah erlebt. ■ 14501 S Orange Blossom Trail, Tel. 407/855 54 96, www.gatorland.com, 10–17, ab Mai bis 18 Uhr, 30/20 $

34 Cocoa Beach

Hotspot für Surfer mit lässiger Lebensart an der Space Coast

Information

■ www.cocoabeach.com

Verlässlich hohe Wellen sind in Florida selten. In Cocoa Beach ist die Brandung immerhin so hoch, dass der Ort als inoffizielle Surfer-Hochburg des Staates gilt. Weil Wellenreiter bekanntlich Lebenskünstler sind, ist die im Atlantik ruhende Barriereinsel eher »low key«, wie die Amerikaner sagen. Will heißen: Es geht hier bodenständig zu und die Preise sind niedrig. Somit wird der Ort zur perfekten Ausgangsbasis für einen Besuch des Kennedy Space Center (S. 149), nachdem inzwischen der gesamte Küstenabschnitt benannt ist. Dreh- und Angelpunkt ist der charmante Holzpier, an dessen Kopfende eine Bar wartet.

Restaurants

€ | **Roberto's Little Havana** Authentische kubanische Gerichte. ■ 26 N Orlando Ave, Tel. 866/339 70 42, www.robertoslittlehavana.com, Di–So 17–21, Fr, Sa bis 22 Uhr

Einkaufen

Ron Jon's Surf Shop Seit 1959 eine Institution mit Strand- und Sportbedarf aller Art. ■ 4151 N Atlantic Ave, Tel. 321/799 88 88, www.ronjonsurfshop.com, tgl. 24 Std.

Von Cape Canaveral aus starteten von 1968 bis 2011 die bemannten Flüge ins All

35 Cape Canaveral und Kennedy Space Center

8 *Ein Besuch der NASA-Station nährt den Traum vom Weltall*

■ Merritt Island, NASA Parkway, Tel. 18 55/133 12 10, www.kennedyspacecenter.com, wechselnde Öffnungszeiten (mindestens 9–18 Uhr), 57/47 $, Parken 10 $

Um Missverständnissen vorzubeugen: Trotz der Nähe zu Orlando ist das Kennedy Space Center kein Themenpark. Vielmehr handelt es sich um den Weltraumbahnhof der NASA, von dem zwischen 1968 und 2011 alle bemannten Flüge ins All gestartet sind. Nachdem das Space-Shuttle-Programm 2011 ausgelaufen war, dienten die mächtigen Abschussrampen weiterhin zum Start unterschiedlicher Raketen. Auch läuft bereits der Countdown für das Space Launch System: Mit der neuen Superrakete sollen ab 2021 wieder Astronauten ins All befördert werden. Besucher kommen vor Ort in den Genuss einer auf vielen Ebenen beeindruckenden Leistungsschau der (internationalen) Raumfahrt. Das beginnt bereits im »Rocket Garden«, wo die Raketen der Vergangenheit wie überdimensionale Skulpturen aufgebahrt sind. Mit etwas Glück schiebt ein einstiger Weltraumpassagier gerade seinen ehrenamtlichen Dienst, um Anekdoten von den Reisen preiszugeben. Auch sprechen häufig aktive Astronauten in einem Hörsaal über ihre Erfahrungen. Die Busfahrt über das Gelände sorgt mit einiger Sicherheit für weitere Wow-Momente. Mit Besucherzentrum und Museum.

36 Daytona Beach

Die Stadt blickt auf eine lange Historie als Hochburg des Automobils zurück

Information

■ www.daytonabeach.com

Sie wollten schon immer mal mit dem Auto auf dem Strand cruisen? In diesem Fall ist Daytona Beach (61 000 Einwohner) genau Ihr Ding. Die Befahrbarkeit ist dem sehr harten Sand zu verdanken – und natürlich dem in der amerikanischen DNA verankerten Grundbedürfnis, möglichst nichts ohne Automobil zu unternehmen. Bis 1959 fanden sogar Stockcar-Rennen auf dem Strand statt. Diese werden nunmehr ausschließlich auf dem International Speedway ausgetragen. Das 4 km lange Oval kommt ohne unnötige Kurven aus und ist auf möglichst hohe Geschwindigkeiten ausgelegt. Hochtourig sind auch die Studenten unterwegs, die vor allem zum berüchtigten »spring break« aus dem Rest des Landes einfallen, um den Frühling und das Leben im Allgemeinen zu feiern.

Sehenswert

Daytona International Speedway

| Sportstätte |
Motorsportfreunde können die heiligen Gründe von NASCAR und Konsorten im Rahmen mehrerer Führungen erkunden. An Renntagen und während anderer Events freilich ist nur der Besuch der Tribünen möglich, die mehr als 100 000 Personen fassen. Die wichtigsten Auto- und Motorradrennen finden im Februar statt.

■ 1801 W International Speedway Blvd, Tel. 386/681 55 88, www.daytonainternationalspeedway.com, wechselnde Termine, 18–52 $

ADAC *Mobil*

Zwischen dem Ponce de León Inlet und Ormond Beach wechseln sich auf einer Strecke von 23 Meilen **befahrbare und für Autos gesperrte Zonen** am Strand ab. Auch in St. Augustine ist das Fahren auf dem Sand zum Teil erlaubt. Die Zufahrt erfolgt über verschiedene Eingänge, die Kosten betragen 10 $. Die Spuren sind markiert, die Höchstgeschwindigkeit liegt bei 10 Meilen pro Stunde (16 km/h).

Ponce de León Inlet Lighthouse and Museum

| Leuchtturm |
Auch das lebhafte Daytona Beach kommt nicht ohne ruhige Ecken aus: Am äußersten Südzipfel erhebt sich ein knallroter Leuchtturm, der einen hübschen Ausblick auf das wasserreiche Umland erlaubt. Das Museum beinhaltet Exponate zur lokalen und maritimen Geschichte Floridas.

■ 4931 S Peninsula Dr, Ponce Inlet, Tel. 386/761 18 21, www.ponceinlet.org, 10–18 Uhr, 7/2 $

Restaurants

€€–€€€ | Martini's Chophouse Eigentümergeführtes Lokal auf dem Festland, in dem die Küche überwiegend Lebensmittel aus biologischer Produktion verwendet. ■ 1815 S Ridgewood Ave, South Daytona, Tel. 386/763 10 90, www.martinisorganic.com, Di–Do 17–22, Fr, Sa 17–23 Uhr

37 St. Augustine

Die älteste Stadt der USA ist ein Publikumsmagnet

20

Information

■ www.visitstaugustine.com

1565 wurde St. Augustine von spanischen Siedlern gegründet. Damit ist das Städtchen (13 000 Einwohner) für amerikanische Verhältnisse fast antik. Auch blickt der Ort auf eine äußerst wechselvolle Geschichte zurück, in deren Verlauf er mehrmals angegriffen wurde. Mal wurde er den Briten zugesprochen, dann wieder den Spaniern. Seitdem findige Lokalpatrioten das Attribut »älteste kontinuierlich bewohnte Stadt des Kontinents« erfunden haben, trägt St. Augustine den wohlklingenden Superlativ mit Stolz. Die erwünschte Wirkung bleibt nicht aus: Die Touristen aus dem In- und Ausland kommen in Strömen, um das Fort, das Colonial Quarter und die Pionierbauten zu begutachten.

Sehenswert

Anastasia State Park

| Naturpark |

Sie scheinen fast im Überfluss vorhanden, doch langweilig werden sie zu keiner Zeit: die Inseln und Halbinseln, die von den Florida State Parks in ihrem Originalzustand konserviert werden. Dieser hier besticht durch weiße Strände, Südstaatenvegetation und üppige Tiervorkommen. Lokaler Star ist die vom Aussterben bedrohte Anastasia-Strandmaus.

■ 300 Anastasia Park Rd, Tel. 904/461 20 33, www.floridastateparks.org, tgl. 8 Uhr bis Sonnenuntergang, 8 $/Fahrzeug

Castillo de San Marcos

| Festung |

Das massive Fort wurde ab 1672 von den Spaniern überwiegend aus Muschelkalkstein gebaut. In den da-

Das Castillo de San Marcos wurde im Laufe der Geschichte häufig belagert

rauffolgenden Jahrzehnten wurde es häufig belagert, zeitweise suchten hier mehr als 1500 Menschen Zuflucht. Kostümierte Darsteller helfen der Fantasie auf die Sprünge, ein Bild von der Vergangenheit zu zeichnen.

■ 1 S Castillo Dr, Tel. 904/829 65 06, www.nps.gov/casa, tgl. 8.45–17.15 Uhr, 15 $

Im Blickpunkt

Henry Flagler – inoffizieller Gründer Floridas

Henry Morrison Flagler (1830–1913) war ein Visionär: Zunächst hat er als Mitgründer der Standard Oil Company ein Vermögen gemacht. Nachdem er 1882 seine Ferien in St. Augustine verbracht hatte, war er es, der das ganze Potenzial Floridas erkannt hat. Flagler ließ vor Ort das prächtige Hotel Ponce de Léon errichten und erwarb eine Eisenbahnlinie, um Urlauber dorthin bringen zu können. Der Plan funktionierte so gut, dass der Unternehmer in den Süden Floridas zu investieren beschloss. 1896 erreichte seine Florida East Coast Railway Miami. Erst auf der letzten Etappe verließ ihn das Glück: Zwar konnte Flagler kurz vor seinem Tod als erster Passagier bis nach Key West fahren. Doch die Kosten für den Bau der Bahnlinie waren hoch und die Nachfrage gering. So konnte das kühnste von Flaglers Projekten nie profitabel werden. Ob sich jemals jemand anderer außer ihm daran versucht hätte, das Festland über 42 Brücken mit Key West zu verbinden, darf bezweifelt werden.

Colonial Quarter

| Stadtbild |

Die Siedlungsgeschichte Floridas ist nur dann sehr überschaubar, wenn sie aus der lange Zeit dominierenden angloamerikanischen Perspektive erfolgt. Dieses Freilichtmuseum ruft in Erinnerung, wie die spanischen Siedler um das Jahr 1760 gelebt haben, kurz bevor den Briten Florida zugesprochen wurde.

■ 33 St. George St, Tel. 904/342 28 57, www.colonialquarter.com, tgl. 10–17 Uhr, 13/7 $

Ponce de Léon Hall

| Architektur |

1882 hat der Ölmagnat Henry Flagler das Potenzial St. Augustines als Ferienort für reiche Urlauber aus dem Norden entdeckt. Bald darauf ließ er einen Prachtbau im sogenannten Spanish Revival Style errichten. Für das Interieur des Luxushotels zeichnete unter anderem der Glaskünstler Louis Tiffany verantwortlich. Weil Orte wie Palm Beach und Miami bald höher in der Gunst des Publikums standen, ist in dem Bau seit 1968 das Flagler College beheimatet, dessen Studenten eloquent begleitete Touren anbieten.

■ Flagler College, 74 King St, Tel. 904/823 33 78, legacy.flagler.edu, tgl. 10 u. 14/15 Uhr, 12 $

Villa Zorayda

| Museum |

Nachbau eines Teils der Alhambra von Granada im Maßstab 1:10. Diese Extravaganz hat sich der Bostoner Unternehmer Franklin W. Smith 1883 beim Bau seines Winterdomizils gegönnt. Weil das Interieur nicht weniger ausgefallen ist, wird der Besuch zu einem fast schon psychedelischen Erlebnis.

■ 83 King St, Tel. 904/829 98 87, www.villazorayda.com, tgl. 10–17, So bis 16 Uhr, 16/7 $

Restaurants

€–€€ | A1A Aleworks Sympathisches Lokal mit selbst gebrautem Bier und panamerikanischer Küche. ■ 1 King St, Tel. 904/829 29 77, www.a1aaleworks.com, tgl. 11–23.30, Fr, Sa bis 1 Uhr

€€ | The Floridian Zeitgemäße Südstaatenküche mit verantwortungsvoll ausgesuchten Zutaten. ■ 72 Spanish St, Tel. 904/829 06 55, www.thefloridianstaug.com, Mi–Mo 11–21, Fr, Sa bis 22 Uhr

Einkaufen

St. Augustine Distillery Hausgemachte Spirituosen in einer ehemaligen Eisfabrik. ■ 112 Riberia St, Tel. 904/825 49 63, www.staugustinedistillery.com, tgl. 10–18 Uhr kostenlose Touren

Erlebnisse

Scenic Cruise Bedächtige, aber daher umso schönere Tour durch die stadtnahen Gewässer. Mit Bordbar. ■ Municipal Marina, 111 Avenida Menendez, Tel. 904/824 18 06, www.scenic-cruise.com, wechselnde Abfahrten, 19/9 $

38 Jacksonville

Reizvolle Großstadt mit langer Küstenlinie und ewiger Außenseiterrolle

Information

■ www.visitjacksonville.com

Urlaub in der Großstadt? Dieses Konzept mag in Miami aufgehen. Jacksonville aber tut sich schwer damit. Dabei kann die Stadt vieles aufbieten, wo andere nur von träumen können: Jax, wie alle Einheimischen sagen, ist reizvoll an einem mächtigen Fluss gelegen, dessen Ufer in der City mit dem Eventzentrum Jacksonville Landing gut erschlossen ist. Gut 30 km östlich der City erstrecken sich weitläufige Strände. Sportfans können dem NFL-Team der Jaguars die Daumen drücken. Platznot ist auch unbekannt: Jacksonville ist die flächenmäßig größte Stadt der USA. Das ist auch den angesagten Vierteln Avondale (rund um die St John's Ave) und Riverside (Park St/King St) anzumerken: die vielen Bars, Restaurants und Geschäfte befinden sich überwiegend in einstöckigen Flachbauten.

Sehenswert

Museum of Contemporary Art (MOCA)

| Museum |

Schon seit 1924 ein Haus, das sich mit aktueller Kunst beschäftigt. Den Namen freilich trägt es erst seit 2006. Die Unterbringung über mehrere Stockwerke in einem ehemaligen Warenhaus in Downtown sorgt für zusätzliche Reize.

■ 333 N Laura St, Tel. 904/366 69 11, www.mocajacksonville.unf.edu, Di, Mi, Fr, Sa 11–17, Do 11–20, So 12–17 Uhr, 8/5 $

Restaurants

€ | Hawker's Asian Streetfood Rasend populäre Eatery mit panasiatischem Street Food am Rande des Ausgehviertels Riverside. ■ 1001 Park St, Tel. 904/508 03 42, www.eathawkers.com, tgl. 11–22, Fr, Sa bis 23 Uhr

39 Amelia Island

21 *Strandleben mit Südstaatenflair an der Grenze zu Georgia*

Information

■ www.ameliaisland.com

Amelia Island hat sich im Delta mehrerer Flüsse gebildet, die zwischen Jacksonville und der Grenze zu Georgia in den Atlantik münden. Zwischen Marschland auf der einen und den nördlichsten Stränden Floridas auf der anderen Seite befindet sich so manch historisch bedeutender Ort.

Sehenswert

Fernandina Beach

| Stadtbild |

Im ausklingenden 19. Jh. gehörten die Docks am geschützten Hafen von Fernandina Beach zu den geschäftigsten des Südens. Mit Backsteinbauten, moosbehangenen Eichen und Palmen besitzt der Ort auch in der Gegenwart eine lebendige Ausstrahlung. Bei Nordwind können die Ausdünstungen einer nahen Papiermühle sehr unangenehm werden.

Berühmt für seine Wälder und Quellen: Ocala National Forest mit Silver River

Restaurants

€ | Timoti's Seafood Shack Frischer Fisch und Schalentiere aus Wildfang in einfachen Zubereitungen zu kleinen Preisen. ■ 21 N 3rd St, Fernandina Beach, Tel. 904/310 65 50, www.timotis.com, Mo–Sa 11–20, So 11–15 Uhr

Kneipen, Bars und Clubs

Palace Saloon Die nach eigener Auskunft älteste Kneipe Floridas (1903) ist für Raubeine und Bohemiens gleichermaßen geeignet. ■ 117 Centre St, Fernandina Beach, Tel. 844/441 24 44, www.thepalacesaloon.com, tgl. 12–2 Uhr

In der Umgebung

Cumberland Island

| Insel |

Cumberland, westlichster Punkt der Atlantikküste, gehört zwar bereits zu Georgia, doch die Fähre zum hinreißenden Hotel Greyfield Inn fährt in Fernandina Beach ab. Auf dem weitgehend naturbelassenen Eiland steht außer den Ruinen der Villen von Industriellen nur dieses eine Hotel.

Kingsley Plantation

| Historische Stätte |

Die älteste noch erhaltene Baumwollplantage gehörte dem Großgrundbesitzer Zephania Kingsley, der mit der

Schwarzafrikanerin Anna Jai verheiratet war. Als Florida zu Spanien gehörte, ließ das Paar seine Sklaven nach vollendeter Schicht auf eigene Rechnung weiterarbeiten. 1821 fiel Florida an die USA und Jai musste aus Angst vor den viel strengeren Sklavengesetzen nach Kuba fliehen. Das ehemalige Herrenhaus, Küchenhaus, Scheune und 23 Sklavenkabinen erinnern an die düstere Epoche und ihre Verwicklungen.
■ 40 km südl. von Fernandina, 11676 Palmetto Ave, Jacksonville, Tel. 904/641 71 55, www.nps.gov/timu, tgl. 9–17 Uhr, Eintritt frei

40 Gainesville

Von einer Zitrusplantage zur quicklebendigen Studentenstadt

Information

■ www.visitgainesville.com

Gainesville ist einer der größten Hochschulstandorte der USA mit der ältesten Universität Floridas. Klassische Sehenswürdigkeiten besitzt die Stadt kaum, doch die Kanapaha Botanical Gardens ermöglichen sehr gute Einblicke in die Vegetation Floridas. Und wer Freude an aufstrebenden, lebendigen Städten mit einer jungen Bevölkerung hat, sollte hier seinen Spaß haben. Zu den Vorzügen gehören preiswerte Restaurants (Pizza!), gute Bars und eine lebendige Musikszene, deren bekanntester Protagonist Tom Petty mit seiner Band Heartbreakers war. Der Campus mit rund 50 000 Studierenden befindet sich gut 2 km westlich der Innenstadt – nah genug, um während des Semesters die ganze Stadt mit Leben zu erfüllen.

Kneipen, Bars und Clubs

The Bull Die Lieblingskneipe vieler Musiker und Künstler. ■ 18 SW 1st Ave, Tel. 352/672 62 66, www.thebull-gnv.com, Mo–Sa 16–2 Uhr

41 Ocala National Forest

Das »andere Florida« lockt mit weiten Wäldern und ergiebigen Quellen

Information

■ www.fs.usda.gov

Die Strände, die Everglades und die Keys dominieren die allgemeine Wahrnehmung der Natur Floridas. Die Wälder und die vielen Quellen werden dabei häufig übersehen. Der Ocala National Forest vereint die Vorzüge des »anderen Florida« auf großzügige Weise. So befindet sich hier der größte zusammenhängende Sandkiefernwald der Welt. Außerdem speisen ergiebige Quellen in teils erhabener Umgebung Seen und Flüsse mit glasklarem und angenehm temperiertem Wasser, das sich zum Schwimmen, Tauchen und zu anderen Formen des Wassersports gleichermaßen eignet. Am einfachsten zugänglich sind die Alexander Springs gut 90 km nördlich von Orlando. Auch die Juniper Springs eignen sich vorzüglich zur Erkundung. Näher am Ort Ocala und besser erschlossen ist der Silver Springs State Park, der zu den ersten Touristenattraktionen Floridas zählte. Zeitlos populär sind die Touren im Glasbodenboot (11 $). Wanderwege, Zeltplätze und Cottages gestatten vielerorts einen naturnahen Urlaub.

Übernachten

Die Hotellandschaft rund um Orlando ist vom abgewohnten Ketten-Motel bis hin zum aufgeblasenen Märchen-Resort auf dem Gelände der Themenparks sehr vielfältig. Nur familiengeführte Boutique-Hotels sollten Urlauber in der selbst erklärten Vergnügungshauptstadt der Welt nicht erwarten. Kleinere Unterkünfte einschließlich der oft etwas plüschigen amerikanischen Variante des B&B bereichern derweil die Nordostküste, die gleichzeitig zu den preisgünstigsten Küstenregionen Floridas gehört. Dies trifft vor allem auf Herbst und Winter zu, die nördlich von Orlando bestenfalls den Charakter einer Nebensaison besitzen. Orlando selbst ist an langen Wochenenden und während der amerikanischen Schulferien spürbar teurer als sonst.

Orlando 140

€ | **The Pointe Orlando** Das in einem Hochhaus gelegene Hotel hat geräumige Zimmer und bequeme Betten. Die Pflanzen hingegen sind aus Plastik. Dafür macht sich eine Qualität bemerkbar, die in der Stadtwüste von Orlando nicht zu unterschätzen ist: die verkehrsgünstige Lage. ■ 7389 Universal Blvd, Orlando, FL 32819, Tel. 407/956 20 00, www.thepointorlando.com

€€€ | **Loews Portofino Bay Hotel at Universal** Amerikanische Postmoderne in Vollendung: Dieses Resort ist dem italienischen Küstenstädtchen Portofino nachempfunden. Inklusive bunter Häuser, Piazza und mediterraner Anklänge beim Interieur. Die stattliche Anzahl von 795 Zimmern bürgt dafür, dass der Nachbau nicht zu klein ausfällt. ■ 5601 Universal Blvd, Orlando, FL 32819, Tel. 407/503 10 00, www.loewshotels.com

€€€ | **The Alfond Inn at Rollins College** Zeitgemäßes Hotel mit 112 Zimmern in Orlandos schönstem Stadtteil Winter Park. Die Zimmer entsprechen genau der amerikanischen Vorstellung von Luxus, die eigentliche Trumpfkarte aber ist eine imposante Sammlung moderner Kunst. ■ 300 E New England Ave, Winter Park, FL 32789, Tel. 407/278 81 59, www.thealfondinn.com

€€€ | **Wilderness Lodge** Wer unbedingt auch mal in einem Disney-Hotel nächtigen möchte und sich nach perfekten Illusionen sehnt, ist hier richtig aufgehoben: Das Luxushotel ist der legendären Old Faithful Lodge im Yellowstone-Nationalpark nachempfunden – inklusive Kunstgeysir. ■ 901 Timberline Dr, Lake Buena Vista, FL 32830, Tel. 407/824 32 00, disneyworld.disney.go.com

Cocoa Beach 148

€€ | **Beach Place Guesthouses** Modernes Haus direkt am Strand mit farbfreudigem Mobiliar und komplett eingerichteter Küche. Barbecue, Hängematten und Yoga (samstags) inklusive. ■ 1445 S Atlantic Ave, Cocoa Beach, FL 32931, Tel. 321/783 40 45, www.beachplaceguesthouses.com

Daytona Beach 150

€ | Cabana Colony Cottages Apartments und freistehende Cottages ohne überflüssigen Luxus. Die kleine Anlage befindet sich direkt am Atlantikstrand, verfügt über einen kleinen Pool und ist für das Florida von heute ein Schnäppchen. ■ 2435 S Atlantic Ave, Daytona Beach Shores, FL 32118, Tel. 386/252 16 92, www.daytonashoreline.com

€€ | The River Lily Inn Sympathisches B&B in unmittelbarer Nähe zum Halifax River in einer Villa aus dem Jahr 1888. Art und Polly nehmen ihre Gäste herzlich auf und verwöhnen sie mit einem opulenten Frühstück. Instagram-Fans aufgepasst: Der Pool ist herzförmig! ■ 558 Riverside Dr, Daytona Beach, FL 32117, Tel. 386/253 50 02, www.riverlilyinnbedandbreakfast.com

St. Augustine 151

€€ | St. Francis Inn Plüschiges Interieur, offener Kamin, Veranda, Jacuzzi und viel Romantik. So stellen sich Amerikaner die »alte Welt« vor. Besucher dieses B&B freilich werden feststellen, dass es kaum etwas Amerikanischeres gibt. Schön aber ist es. ■ 279 St. George St, St. Augustine, FL 32084, Tel. 904/824 60 68, www.stfrancisinn.com

€€ | St. George Inn Geräumige Zimmer und gute Lage am Rande der Fußgängerzone. Für das kleine Frühstück eignet sich ein Platz im schönen Innenhof. Der Inhaber steht gern mit guten Tipps zur Freizeitgestaltung bereit. ■ 4 St. George St, St. Augustine, FL 32084, Tel. 904/827 57 40, www.stgeorge-inn.com

Jacksonville 153

€€ | One Ocean Resort and Spa Modern, geschmackvoll und perfekt gelegen: In allen 193 Zimmern blicken die Gäste dank Vollverglasung auf den Atlantik, der Strand breitet sich vor der Türe aus. In der Umgebung sorgen Bars und Restaurants für Abwechslung. ■ 1 Ocean Blvd, Atlantic Beach, FL 32233, Tel. 904/249 74 02, www.oneoceanresort.com

Amelia Island 154

€ | Amelia Hotel at the Beach Eher einfaches Domizil ohne große Stilambitionen mit zweckmäßig eingerichteten Zimmern. Dafür liegt das Haus direkt am Strand und ins hübsche Zentrum von Fernandina Beach sind es weniger als 6 km. ■ 1997 S Fletcher Ave, Amelia Island, FL 32034, Tel. 904/206 56 00, www.ameliahotel.com

€€–€€€ | Blue Heron Inn Heimeliges B&B mit sechs hübschen Zimmern und schönem Kaminsalon. Nachmittags kommen warme Cookies auf den Tisch, später gibt es ein Gläschen Wein. Das Ortszentrum ist bequem zu Fuß erreichbar. ■ 102 S 7th St, Fernandina Beach, FL 32034, Tel. 904/445 90 34, www.ameliaislandblueheroninn.com

Gainesville 155

€€ | Magnolia Plantation Charmantes B&B am Rande von Downtown. Das Haupthaus ist eine imposante Südstaatenvilla, die 1885 gebaut wurde. Zimmer und Cottages verfügen zum Teil über Veranda und offenen Kamin. ■ 309 SE Seventh St, Gainesville, FL 32601, Tel. 352/375 66 53, www.magnoliabnb.com

Panhandle – der Nordwesten Floridas

Der Norden Floridas fühlt sich traditionell eher den Südstaaten als dem Sunshine State verbunden

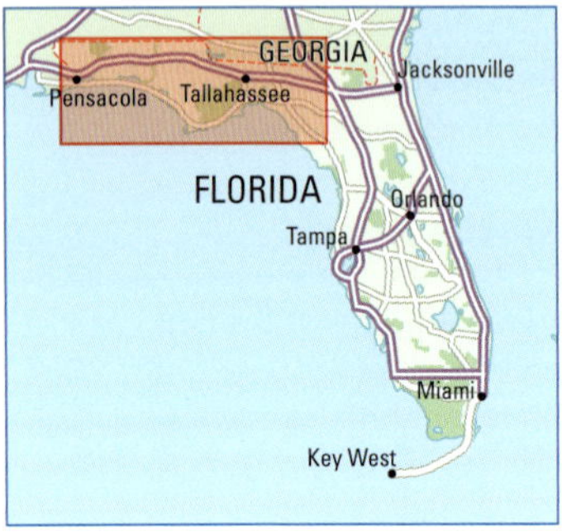

»Je weiter man in den Norden kommt, umso südlicher fühlt es sich an.« Die Bewohner des Panhandle lassen keinen Zweifel, dass sie sich dem Deep South zugehörig fühlen. Von den Bäumen hängt Spanisches Moos. Viele Häuser sind aus Holz gebaut und mit Veranden bestückt. Und der Dialekt ist so ausgeprägt, dass auch mancher Yankee aus dem Norden Schwierigkeiten bei der Kommunikation hat. Wer einen Road Trip durch Florida unternimmt, kann sich zwischen White Springs und Pensacola auf spannende Kontraste einstellen: Die Natur im Hinterland ist verwunschen und vielfach unberührt. Die Golfinseln sind kaum zu überbieten – und Panama City Beach hat sich als Touristenzentrum mit viel Trubel etabliert. Während des Winters mögen die Nächte knackig kalt sein, doch die sonnigen Tage sind mehr als angenehm. Weil die Amerikaner in dieser Jahreszeit den wärmeren Süden aufsuchen, ist das Preisniveau niedrig.

In diesem Kapitel:

ADAC Top Tipps:

9 **Edward Ball Wakulla Springs State Park**
| Naturpark |
Die warmen Quellen in einer verwunschenen Landschaft sind ein hervorragender Spot zur Beobachtung der Fauna Floridas – und bevorzugter Aufenthaltsort von Manatis. 161

10 **St. Joseph Peninsula**
| Halbinsel |
Die unverdorbene Küstenlandschaft auf einer Halbinsel im Golf von Mexiko ist auch unter Florida-Kennern nahezu unbekannt – und deshalb ein perfekter Ort zur Erholung. 164

ADAC Empfehlungen:

22 Stephen Foster Folk Culture State Park, White Springs

| Kulturzentrum |

Die verwunschene Landschaft am Suwannee River wusste als einer der ersten Orte in Florida Touristen anzuziehen. Stephen Foster hat sie in seinen Liedern verewigt. 160

23 Apalachicola

| Stadtbild |

In dem kleinen Ort wandern die Austern direkt aus dem Meer auf den Teller. Dabei verströmt er heftiges Südstaatenflair. 162

24 St. George Island

| Insel |

Die Barriereinsel ist über eine Brücke mit dem Festland verbunden, hat aber dank ihrer Strände und Naturparks kaum etwas von ihrem abgeschiedenen Charakter verloren. 163

25 Panama City Beach

| Stadtstrand |

Das Epizentrum des Panhandle-Tourismus ist keine Schönheit. Wer sich auf den Ort einlässt, kann jedoch eine Menge Spaß haben. 164

Perfekte Kulisse: Im Wakulla Springs State Park wurden diverse Tarzan-Filme gedreht

42 White Springs

Der Ort am Suwannee River war eine Attraktion für Urlaubspioniere

Die Suche nach dem alten Florida hat für manchen Reisenden hohe Priorität. Ein paar Meilen nördlich des Interstate 10 werden Nostalgiker fündig. Auf halbem Wege zwischen Jacksonville und Tallahassee gelegen, übten die Quellen aufgrund einer vermeintlichen heilsamen Wirkung ihres Wassers schon Ende des 19. Jh. eine große Anziehungskraft auf die Pioniere unter den Urlaubern aus. Fortan entstanden ein stattliches Badehaus und einige Hotels. Diese Wirkung wurde vom Suwannee River weiter verstärkt, dem der Barde Stephen Foster im 19. Jh. mit einem Song weitreichende Bekanntschaft verschaffte. Heute ist der Ort angenehm verschlafen.

Sehenswert

Stephen Foster Folk Culture State Park

| Kulturzentrum |

22 *Stephen Foster hat den Suwannee River in seinen Liedern besungen*

1851 hat Stephen Foster »Old Folks at Home« geschrieben. Der Song wurde 1935 offiziell zur Hymne Floridas. Der State Park am viel besungenen Suwannee River würdigt Foster und seine Epoche mit einer Dauerausstellung. Ein Handwerkerdorf und ein zauberhafter Wald tragen zur Konservierung der Vergangenheit bei. Hauptattraktion ist ein Turm mit einem aus 97 Glocken bestehenden Carillon, auf dem Fosters Songs nachgespielt werden.

■ 11016 Lillian Saunders Dr (US 41), Tel. 386/397 43 31, www.floridastateparks.org, tgl. 8 Uhr bis Sonnenuntergang, 5 $/Fahrzeug

43 Tallahassee

Floridas Hauptstadt lockt mit Südstaatenflair und üppiger Vegetation

Information

- www.visittallahassee.com

Strände und Vergnügungsparks sind in weiter Ferne. Dafür besitzt Floridas rasant wachsende Hauptstadt (185 000 Einwohner) andere Qualitäten: Villen aus der Zeit vor dem amerikanischen Bürgerkrieg (»antebellum«), spektakuläre Alleen (»canopies«), einen großen Campus und ein Kapitol mit kostenlos zugänglicher Aussichtsplattform im 22. Stock eines Anbaus (tgl. 9–16.30, Sa ab 10, So ab 12 Uhr). Die Mission San Luis Archaeological and Historical Site befasst sich mit der Siedlungsgeschichte präangloamerikanischer Zeiten.

Canopy Roads

| Stadtbild |

Der sogenannte scenic drive ist ein Kernbestandteil der amerikanischen Freizeitgestaltung. In und um Tallahassee ist die motorisierte Erkundung der Landschaft wegen eines bestimmten Phänomens ein Erlebnis: Stadt und Umland beherbergen nicht weniger als 78 Meilen spektakulärer Alleen, die von amerikanischen Eichen, Pinien, Amberbäumen und Hickory überwachsen sind. Nicht selten hängt Spanisches Moos von den Ästen. Auf der Seite des Tourismusbüros sind die schönsten »canopy drives« aufgelistet.

Tallahassee Automobile Museum

| Museum |

Wer beim Anblick amerikanischer Automobile weiche Knie bekommt, sollte sich diese mehr als 160 Klassiker umfassende Sammlung nicht entgehen lassen. Die Vehikel würden eine etwas elegantere Präsentation verdienen, dafür werden auch andere historische Gegenstände wie Puppen oder Registrierkassen gezeigt.

- 6800 Mahan Dr, www.tacm.com, Mo–Fr 8–17, Sa 10–17, So 11–17 Uhr, 17,50/8 $

Restaurants

€€ | **Ted's Montana Grill** Authentische amerikanische Küche. Das heißt: Steaks, Burger, Pulled Pork und Craft Beer. ■ 1954 Village Green Way, Village Green, Tel. 850/561 83 37, www.tedsmontanagrill.com, tgl. 11–22, Fr, Sa bis 23 Uhr

44 Edward Ball Wakulla Springs State Park

9

Der zauberhafte Naturpark hat eine Vergangenheit als Filmkulisse

Information

- 465 Wakulla Park Dr, Wakulla Springs, Tel. 850/561 72 76, www.floridastateparks.org, tgl. 8 Uhr bis Sonnenuntergang, Besucherzentrum ab 9.30 Uhr, 6 $/Fahrzeug
- www.wakullasprings.org

An einem kalten Wintermorgen früh aufstehen und noch vor den anderen Besuchern an der öffentlichen Badebucht auf den Aussichtsturm klettern. Wer diese einfache Anleitung umsetzt, kann in den subtropischen Gewässern von dauerhaften 21 Grad mit etwas Glück mehr oder weniger allein die träge umherschwimmenden Manatis beobachten. Die Natur scheint in diesem State Park noch so ursprünglich wie in den 1950er-Jahren, als hier vor der Kulisse majestätischer Sumpfzypressen diverse Tarzan-Filme und der Gruselschocker »Die Rache des Ungeheuers« gedreht wurden. Später am Tag wird es voller in Wakulla Springs, doch auch dann bleibt der Besuch des Naturparks ein erhabenes Erlebnis. In früheren Jahren gehörte der Ausflug mit dem Glasbodenboot zum festen Programm. Aus noch ungeklärter Ursache aber sind die Gewässer hierfür heute meist zu trübe. Doch auch die Passagiere der nunmehr häufiger eingesetzten gewöhnlichen Ausflugsboote (ab 9.40 Uhr, 8/5 $) sehen mit einiger Sicherheit Alligatoren, Schildkröten, Schlangenhalsvögel und andere Bewohner des fragilen Biotops. Die Naturlehrpfade im oberen Teil des Parks führen durch 3000 ha unberührtes Waldgebiet. Sehenswert ist auch die Lodge aus dem Jahr 1937 (S. 168).

Apalachicola ist ein netter Zwischenstopp auf dem Weg zu den Golfinseln

Gefällt Ihnen das?

Die wildromantische Natur in **Wakulla Springs** ist kein Einzelfall. Wenn Ihnen der State Park gefällt, besuchen Sie auch den **Myakka River State Park** bei Sarasota (S. 124) oder den **Stephen Foster State Park** in White River (S. 160).

45 Apalachicola

23 *Die Austernhauptstadt der Welt ist ein sympathisches Dorf*

Information

- www.apalachicolabay.org

Trägheit und Verschlafenheit. Nach diesen Qualitäten entwickelt wohl jeder Urlauber irgendwann ein Bedürfnis. Weil Apalachicola mit seinen rund 2000 Einwohnern noch dazu über ein fußgängertaugliches Zentrum mit gut 50 Geschäften verfügt, kann ein Zwischenstopp auf dem Weg zu den Golfinseln zu einer angenehmen Überraschung werden. Ach ja: Das Fischerdorf mit dem ausgeprägten Südstaatenflair nennt sich neuerdings selbstbewusst »oyster capital of the world«. Und tatsächlich sind die begehrten Meeresfrüchte in Apalachicola vielerorts zu haben.

Restaurants

€ | **Lynn's Quality Oysters** Auch im Zeitalter der Überinformation bleibt dieses einfache Lokal ein Geheimtipp. Wer mag, speist in Gesellschaft raubeiniger Südstaatler draußen mit Blick auf das Wasser. Selbstversorger kaufen an der Fischtheke das Nötige ein. ■ 402 Hwy 98, Eastpoint, Tel. 850/6708796, www.lynnsqualityoysters.com, Mo–Sa 10–21, So 9–20 Uhr

Einkaufen

Apalachicola Sponge Company Naturschwämme gehörten zu den ersten Einnahmequellen an der Golfküste. Jerry Garlick hat diese Tradition kürzlich wieder aufgenommen. Außerdem bietet er seinen Kunden Honig und ein freundliches Schwätzchen. ■ 14 Avenue Dr, Tel. 850/6533550, www.apalachsponge company.com, Mo–Fr 10–17 Uhr

Kneipen, Bars und Clubs

Oyster City Brewing Co. Hausgemachtes Bier und Lokalkolorit – ideal für Einblicke in die Seele des Ortes. ■ 17 Avenue Dr, Tel. 850/6532739, www.oystercitybrewingco.com, tgl. 12–19, Fr, Sa bis 20, So bis 18 Uhr

46 St. George Island

24 *Barriereinsel mit perfekten Stränden und Naturparks*

Henry Flagler und Konsorten haben Florida in einem solch atemberaubenden Tempo entwickelt, dass sie manche Gegenden schlicht übersehen haben. Dieser Eindruck drängt sich im weithin verschlafenen Panhandle immer wieder auf. Kaum irgendwo aber sind die Vorzüge der Natur so offensichtlich wie auf der fast 45km langen Insel, die seit 2004 über eine neue, fast 7km lange Brücke mit dem Festland verbunden ist. Weil der höchste Punkt des Eilands nur 3,5m über dem Meeresspiegel liegt, thronen fast alle Häuser aus Sorge vor Hurrikans auf Stelzen. Die Südseite der Insel wird durchweg von Stränden geziert, die bei einschlägigen Schönheitswettbewerben regelmäßig abräumen. Nahezu unberührt sind sie in den beiden State Parks am Ost- und Westende. Hier auch wird klar, warum dieser Küstenabschnitt den selbst gewählten Kosenamen »Forgotten Coast« für sich beansprucht. Das scheinen auch die zahlreichen Seevögel zu wissen, die an den Stränden nisten. Frühling und Herbst sind die besten Jahreszeiten, um sie zu beobachten.

Im Blickpunkt

Die State Parks

Sie sind der wahre Schatz Floridas. Ohne sie wäre der Sunshine State in der Gegenwart kaum vorstellbar: Zwischen Pensacola im Nordwesten und Key West im Süden zeigt sich der hoch entwickelte Bundesstaat in den 164 State Parks noch weitgehend so, wie das vor der massiven Besiedlung der Fall war. Egal ob es sich um Inseln, Strände, Quellen, Waldgebiete, Marschland oder historische Stätten handelt, sind die vom Bundesstaat unterhaltenen Parks fast durch die Bank in hervorragendem Zustand und einen Besuch wert. Gepflegt werden sie von meist freundlichen und idealistischen Park Rangern. In der Regel sind die State Parks an allen Tagen von 8 Uhr bis Sonnenuntergang geöffnet, an den Kassenhäuschen wird ein Obolus von 6$ pro Fahrzeug erhoben.
www.floridastateparks.org

Sehenswert

St. George's Island State Park
| Strand |
Fast 15 km unberührter Sandstrand locken am Ostende der Insel. Marschgebiete, Eichenwälder und Pinien machen auch das Hinterland zu einer Zierde.

■ 1900 E Gulf Beach Dr, Tel. 850/927 21 11, www.floridastateparks.org, tgl. 8 Uhr bis Sonnenuntergang, 6 $/Fahrzeug

ADAC *Spartipp*

Wer viel in den **State Parks** unterwegs ist, kann den Erwerb einer Jahreskarte (60 $, Familien 120 $) in Erwägung ziehen. *www.floridastateparks.org/annualpass*

Restaurants

€€ | **Blue Parrot** Entspanntes Familienlokal direkt auf dem Strand und in unmittelbarer Nähe zur Brücke. Spezialität ist die üppige Seafood-Platte. ■ 68 W Gorrie Dr, Tel. 850/927 29 87, Infos auf Facebook, tgl. 11–21 Uhr

47 St. Joseph Peninsula

10 *Ein vergessenes Stück Küste mit strahlend weißem Sandstrand*

Wer die Hoffnung aufgegeben hat, im Zeitalter permanenter Information noch Überraschungen zu erleben, kann sich auf dieser Halbinsel vom Gegenteil überzeugen: St. Joseph Peninsula wurde von der Tourismusindustrie bislang weitgehend ignoriert und ihre Existenz wird auch von der einschlägigen Reiseliteratur unterschlagen. Dies mag auf die Abgeschiedenheit oder die fragile Topografie zurückzuführen sein – der Landstreifen befindet sich im Hurrikangebiet und ist an kaum einer Stelle breiter als einige Hundert Meter. Auch werden Besucher Sehenswürdigkeiten im ursprünglichen Sinne vermissen. Dafür aber hat sich der Bundesstaat Florida rechtzeitig die nördliche Hälfte der Halbinsel gesichert, um hier einen der wunderbaren State Parks einzurichten und auf diese Weise Sorge dafür zu tragen, dass dieser kleine Schatz auch künftigen Generationen erhalten bleibt.

Sehenswert

T. H. Stone Memorial St. Joseph Peninsula State Park
| Naturpark |
15 km heller Sandstrand und klares Wasser sorgen dafür, dass dieses herrliche Stück Natur regelmäßig Bestnoten erhält. Auch Meeresschildkröten und Seevögel wissen das zu schätzen.

■ 8899 Cape San Blas Rd, Port St. Joe, Tel. 850/227 13 27, www.floridastateparks.org, tgl. 8 Uhr bis Sonnenuntergang, 6 $/Fahrzeug

48 Panama City Beach

25 *Der geschäftige Strandort entfaltet seinen Charme eher zögerlich*

Information

■ www.visitpanamacitybeach.de

Brachiale Hochhäuser direkt am Strand. Dazu eine 20 km lange Küstenstraße (die sogenannte Miracle Mile), die auf der Landseite von Mini-

Entspannen am Strand von Panama City – abends ausschwärmen auf die Uferstraße

golfplätzen, Fachgeschäften für Surfzubehör, Fastfood-Lokalen und riesigen Pappmascheefiguren begleitet wird. All dies ruft bei der Ankunft in Panama City Beach nicht bei allen Besuchern stürmische Begeisterung hervor. Und doch gibt es gute Argumente für einen Aufenthalt im touristischen Epizentrum des Panhandles: den sensationell feinen Sandstrand. Die verlässlich hinreißenden Sonnenuntergänge. Das auch im Winter zuweilen herrliche Wetter (und die saisonal niedrigen Preise). Oder auch das Unterhaltungsangebot, das nicht nur Familien und Snowbirds genügt, sondern auch Studenten, die den Ort in den 1990er-Jahren zur Partyzentrale für ihre Frühlingsferien gekürt haben. Wer richtig in PCB angekommen ist, tut es nach einem Strandtag den Einheimischen gleich. Diese kommen gern aus dem Hinterland von Alabama oder Georgia, weshalb der Küstenabschnitt auch als Redneck Riviera bezeichnet wird. Vorzugsweise verbringen sie den Abend damit, die Uferstraße rauf- und runterzufahren – im Idealfall mit Neonröhren unter den aufgebockten Fahrzeugen.

Sehenswert

Russel-Fields Pier

| Seebrücke |

Der längste Pier am Golf von Mexiko reicht fast 500 m ins azurblaue Wasser, das zur Freude der Angler klar und fischreich ist.

■ 16201 Front Beach Rd, Tel. 850/233 50 80, www.pcbgov.com, tgl. 0–24 Uhr, 3 $

Shell Island

| Strand |

PCB hat auch unberührte Flecken: Wer mit dem Boot nach Shell Island über-

Nicht das Ende der Welt: Perdido Key bei Pensacola ist der westlichste Zipfel Floridas

setzt, stößt auf Strände, die sich mit Ausnahme der Behausung eines mittlerweile vertriebenen Einsiedlers seit Ewigkeiten nicht verändert haben. Herrlich!

■ Shell Island Shuttle, Anfahrt über St. Andrews State Park, 4607 State Park Ln, Tel. 850/235 40 04, www.shellislandshuttle.com, Mai–Sept. tgl. 10–16 Uhr, 20/11 $

Restaurants

€ | **Dusty's Oyster Bar** Laut und betriebsam mögen es die Einheimischen, die hier zum Verzehr von Austern, frittierten Meeresfrüchten und Bier hinkommen. ■ 16450 Front Beach Rd, Tel. 850/233 00 35, tgl. 11–23 Uhr

€ | **Thomas Donut Snack & Shop** Grits wie in den Südstaaten, Donuts und Muffins wie bei Muttern. Dazu ein Holztisch im Freien und der Blick aufs Meer. Eine Institution. ■ 19208 Front Beach Rd, Tel. 850/234 80 39, www.thomasdonutandsnackshop.com, Mo–Mi 6–14, sonst 6–22 Uhr

Einkaufen

Pier Park Bonbonfarbene Retortenbauten bestimmen das Bild dieser hochwertigen Mall, wo die Menschen ganz im Zeitgeist unter freiem Himmel einkaufen (»It's so European!«). ■ 600 Pier Park Dr, Tel. 850/236 99 74, www.simon.com/mall/pier-park, Mo–Sa 10–21, So 12–19 Uhr

Kneipen, Bars und Clubs

Club La Vela Unterhaltung pur: Großraumdisco mit mehreren Dancefloors, Pool, Strandbar und Konzertbühne. ■ 8813 Thomas Dr, www.clublavela.com, geöffnet je nach Event

Sport

Russel-Fields Pier Der Pier ragt 450 m ins Wasser und fungiert als Treffpunkt für Angler der Region. ■ 16201 Front Beach Rd, Tel. 850/233 50 80, immer geöffnet, 7 $/Tag

49 Fort Walton Beach

Die sogenannte Smaragdküste gilt als äußerst familienfreundlich

Information

■ www.emeraldcoastfl.com

Wohl behütet hinter einer der allgegenwärtigen Barriereinseln (Okaloosa Island) gelegen, erlangte das Städtchen erstmals während des Amerikanischen Bürgerkriegs einige Bedeutung. Richtig zum Leben erwacht ist der Küstenort erst nach dem Zweiten Weltkrieg. Bis heute ist die örtliche Basis der Luftwaffe der größere Arbeitgeber. Fast alle Hotels befinden sich in Strandnähe auf Okaloosa, wo in Form des John Beasley Parks abermals ein weitgehend unberührter Küstenstreifen erhalten ist, der lediglich die nahe Durchgangsstraße ins östlich angrenzende Destin dulden muss. In Richtung Westen schließt sich die ungleich größere Insel Santa Rosa an, die Bestandteil der Gulf Islands National Seashore ist. Mit ihrem Status als familienfreundliche Destination ohne viel Schnickschnack gibt sich die Region bis auf Weiteres zufrieden.

50 Pensacola

Die Grenzstadt blickt auf eine lange und bewegte Geschichte zurück

Information

■ www.visitpensacola.com

Bis nach Miami sind es von hier fast 1100 km. So wundert es nicht, dass sich Pensacola eher dem Deep South, also den tiefen Südstaaten, zugehörig fühlt als Florida. Eine gewisse Rivalität aber besteht zu St. Augustine, denn Pensacola wurde ebenfalls schon sehr früh (1559) von Europäern besiedelt. Nur weil der Ort vorübergehend zerstört und daher unbewohnt war, darf er sich heute nicht mit dem lukrativen Titel der ältesten Stadt Amerikas schmücken. Eine gewisse historische Patina besitzt das 50 000-Einwohnerstädtchen dennoch.

Sehenswert

Historic Pensacola Village
| Stadtbild |
Rund um den Seville Square und die westlich angrenzenden Blocks sind einige Spuren der wechselvollen Geschichte Pensacolas erhalten geblieben. Wer die Gegend erkundet, kann verschiedene Architekturstile und einige Häuser von historischer Relevanz entdecken, die Europäern freilich weniger geschichtsträchtig als Nordamerikanern vorkommen. Sehenswert sind auch die Backsteinbauten aus der Gründerzeit entlang South Palafox und Main Street.

■ www.historicpensacola.org

Perdido Key
| Strand |
Der äußerste westliche Zipfel Floridas an der Grenze zu Alabama wird passenderweise von einer Insel in Beschlag genommen, die zu guten Teilen als Perdido Key State Park mit makellosem Sandstrand deklariert ist. Die Insel gehört zur Gulf Islands National Seashore, die vom National Park Service behütet wird und bis weit nach Mississippi hineinreicht.

■ www.nps.gov/guis

Übernachten

Der Panhandle ist deutlich bodenständiger als die sehr luxusorientierten Regionen Südfloridas. Das macht sich auch beim Übernachtungsangebot bemerkbar. Einfache Motels und Ketten sind hier deutlich weiter verbreitet. Rund um Panama City kann es sich auch mal lohnen, ein Auge auf private Apartments zu werfen, die bei Abwesenheit der Bewohner von Anbietern wie Wyndham (www.wyndhamvacationrentals.com) an Feriengäste weitervermietet werden. Vor allem in den wenig gefragten Wintermonaten lässt sich so ein preiswerter Urlaub verbringen.

Tallahassee 161

€€ | **Hotel Duval** Nach seiner Eröffnung 1951 hat das Haus vom glamourösen Treffpunkt der Landeshauptstadt bis zum Studentenwohnheim alle Entwicklungsstufen mitgemacht. Heute firmiert es unter der Marriott-Dachmarke der Autograph Collection als Boutique-Hotel. ■ 415 N Monroe St, Tallahassee, FL 32301, Tel. 850/224 60 00, www.hotelduval.com

Wakulla Springs 161

€€ | **The Lodge at Wakulla Springs** Herrlich altmodische Lodge aus dem Jahr 1937, die sich mitten im State Park in Fußdistanz zu den Quellen befindet. Die wie aus der Zeit gefallenen Zimmer kommen bis heute ohne Fernseher aus. Ein perfekter Ausgangspunkt für eine Wanderung. ■ 550 Wakulla Park Dr, Wakulla Springs, FL 32327, Tel. 850/421 20 00, www.thelodgeatwakullasprings.com

Apalachicola 162

€€ | **The Gibson Inn** Haus von 1907 in der typischen architektonischen Sprache Floridas. Auf der Veranda stehen gemütliche Schaukelstühle und die lebendigen Straßen des hübschen Ortes sind zu Fuß erreichbar. ■ 51 Ave C, Apalachicola, FL 32320, Tel. 850/653 21 91, www.gibsoninn.com

Panama City Beach 164

€€ | **Sheraton Bay Point Resort** Für seine Hotels ist Panama City Beach nicht berühmt. Auch dieses Haus wird keinen Architekturpreis gewinnen. Dafür liegt es in einer geschlossenen Anlage direkt an der Bucht. Privatstrand und Shuttle-Service zum tollen Shell Island inklusive. ■ 4114 Jan Cooley Dr, Panama City Beach, FL 32408, Tel. 850/236 60 00, www.sheratonbaypoint.com

Pensacola 167

€€ | **New World Inn** Ein ordentliches Haus mit einer pompös-antiken Einrichtung, wie es sie nur in den Vereinigten Staaten gibt. Die historischen Stätten der City sind zu Fuß leicht erreichbar. ■ 600 S Palafox St, Pensacola, FL 32502, Tel. 850/432 41 11, www.skopelosatnewworld.com

Der biblischste
Moment?
Euer
Abendmahl.
G|U
Bereite den Hungrigen das
Grillgut, auf dass sie es essen.
Denn so steht es schon geschrieben in der Grillbibel, erstes Buch Weber. Mit Weber's Grillbibel Vol. 2, der Erfolgsmethode „4T" von Grillexperte Jamie Purviance sowie 160 brandneuen Rezepten wird deine nächste Grillparty garantiert kein flammendes Inferno, sondern die reinste Offenbarung. Für dein leckerstes Ich.
Überall, wo es Bücher und E-Books gibt, und auf GU.de/weber
JAMIE PURVIANCE
WEBER'S
GRILL
BIBEL
VOL.2
G|U
WEBER'S GRILLBIBEL VOL.2
Foto: © www.weber.com

Beim **ADAC Infoservice**, in den **ADAC Geschäftsstellen** sowie auf dem **Internetportal des ADAC** (adac.de) erhalten Sie Informationen zu den Dienstleistungen des Automobilclubs und zu Ihrem Reiseziel. Als **ADAC Mitglied** können Sie zudem das kostenlose **ADAC TourSet® Florida** mit vielen Reiseinfos und Karten anfordern oder die **TourSet App** auf dem **Smartphone** oder **Tablet-PC** installieren (adac.de/toursetapp).
Rufen Sie bei Notfällen und Pannen den **ADAC Notruf** bzw. den **ADAC Auslandsnotruf** an. Unser Team steht Ihnen rund um die Uhr zur Verfügung.

ADAC Infoservice
Tel. 0 800/510 11 12
Infos zu allen ADAC Leistungen
(Mo–Sa 8–20 Uhr, gebührenfrei)

ADAC Notruf Deutschland
Tel. 0 180/222 22 22
(24 Std., ca. 6 ct/Anruf, max. 42 ct/Min. aus deutschem Mobilfunknetz)

ADAC Notruf Mobil-Kurzwahl
Tel. 22 22 22
(Gebühren variieren je nach Netzbetreiber)

ADAC Auslandsnotruf
Tel. +49/89/22 22 22
(Gebühren variieren je nach Netzbetreiber und Land)

Internet-Serviceangebote des ADAC für Ihre Reiseplanung

Service	**Webadresse**
Aktuelle Verkehrslage	adac.de/verkehr
ADAC Routenplaner	adac.de/maps
Infos zu Tankstellen und Spritpreisen	adac.de/tanken
Infos zu mautpflichtigen Strecken	adac.de/maut
Infos zu Fährverbindungen	adac.de/faehren
ADAC TourMail (Aktuelle Infos vor Anreise)	adac.de/tourmail
Informationen für Camper	adac.de/camping
Informationen für Motorradfahrer	adac.de/motorrad
Informationen für Segler und Skipper	adac.de/sportschifffahrt
ADAC Reiseangebote	adacreisen.de
ADAC Autovermietung	adac.de/autovermietung
ADAC Mitfahrclub (offen für alle)	adac.de/mitfahrclub
ADAC Versicherungen für den Urlaub	adac.de/versicherungen
Weltweite Preisvorteile für ADAC Mitglieder	adac.de/vorteile-international

Diese **Produkte des ADAC** könnten Sie interessieren: **ADAC Reiseführer New York, ADAC Reiseführer Kalifornien und ADAC Reiseführer USA Südwest** – erhältlich im Buchhandel, bei den ADAC Geschäftsstellen und in unserem ADAC Online-Shop (adac.de/shop).

Anreise und Einreise

Flugzeug

Die Flughäfen von Miami, Orlando, Tampa, Fort Lauderdale und Fort Myers werden aus den deutschsprachigen Ländern angeflogen. Sowohl die Lufthansa (ab Frankfurt und München) als auch Eurowings (ab Düsseldorf), Swiss (ab Zürich) und Austrian (ab Wien) bieten **Nonstopflüge** an.

Darüber hinaus ist eine große Vielzahl von Verbindungen mit ein oder zwei **Zwischenstopps** zum Beispiel in Amsterdam (mit KLM) oder in London (mit British Airways) erhältlich. Die Fluggesellschaften richten sich bei der Preisgestaltung nicht nur nach der Saison, sondern auch nach dem Grundsatz, dass Zeit Geld ist. Obwohl der Aufwand größer ist, sind Umsteigeverbindungen oft um einige Hundert Euro billiger. Vor allem bei Flugzeugwechseln in den USA können diese Verbindungen wegen des hohen Verkehrsaufkommens und der großen Flughäfen jedoch schon mal ins Wanken geraten und einen gewissen Unsicherheitsfaktor darstellen. Eine Nonstopverbindung kann daher durchaus ihren Aufpreis wert sein.

Schiff

Miami (Port Miami), Fort Lauderdale (Port Everglades) und Orlando (Port Canaveral) sind die **drei größten Kreuzfahrthäfen** der Welt. Von hier aus starten die Rundfahrten in die Karibik, aber auch zu anderen Destinationen an der US-Küste.

Visa und Dokumente

Touristen aus Deutschland, Österreich und der Schweiz können sich dank des **Visa Waiver Program** von der allgemeinen Visumspflicht für die USA befreien lassen. Die Aufenthaltsdauer im Land ist auf 90 Tage beschränkt, auch muss ein Rückflugticket nachgewiesen werden.

Touristen, auch Kinder, müssen im Besitz eines maschinenlesbaren und mindestens sechs Monate gültigen Reisepasses sein. Zudem müssen sie sich vorab im Rahmen der sogenannten **ESTA** (Electronic System for Travel Authorization) registrieren (https://esta.cbp.dhs.gov/esta). Auf der Seite werden Informationen zu Pass, Adresse, Beruf sowie zur ersten Adresse in den USA abgefragt. Die Reisegenehmigung wird meist umgehend erteilt, gelegentlich kann es jedoch auch bis zu wenigen Tagen in Anspruch nehmen. Die Bearbeitung des ESTA-Antrags kostet 14 $, danach ist das Papier zwei Jahre lang gültig. Allerdings entspricht die Erteilung der ESTA nicht automatisch einer Einreisegenehmigung, das letzte Wort hierüber haben die Beamten der Einwanderungsbehörde vor Ort.

Wer im Vorfeld der Reise einen Staat besucht hat, den die USA für eine potenzielle terroristische Bedrohung halten, ist vom Visa Waiver Program ausgeschlossen. Die Betroffenen müssen ein offizielles Visum beantragen. Dies gilt auch für Personen, die eine doppelte Staatsbürgerschaft mit Iran, Irak, Sudan oder Syrien besitzen.

In den Flughäfen haben sich die **Wartezeiten** deutlich verkürzt, weil immer mehr Automaten zur Erfassung von Reisepass, Fingerabdruck und Augen-Scan eingesetzt werden.

■ Über den aktuellen Stand der Einreisebestimmungen informiert das Auswärtige Amt. www.auswaertiges-amt.de

Auto und Straßenverkehr

Führerschein und Papiere

Autofahrer benötigen in den USA einen **internationalen Führerschein**. Wer in einem Mietwagen unterwegs ist, sollte die entsprechenden Papiere stets griffbereit haben und sie vorzugsweise nicht im Handschuhfach lagern, da Polizisten dieses bei einer Kontrolle als mögliches Versteck von Waffen deuten können.

Straßennetz und Sicherheit

Das Straßennetz und der Zustand der allermeisten Straßen sind in Florida gleichermaßen gut. Lediglich im Großraum Miami konnte die Infrastruktur mit dem allgemeinen Wachstumstempo nicht mithalten. Hier sind einige Interstates beklagenswert schlecht. Weil die Städte Floridas in einem atemberaubenden Tempo in teils gleichförmigen Siedlungen gewachsen sind, ist die Orientierung manchmal gar nicht so einfach. Ein **Navigationsgerät** ist daher eine nahezu unerlässliche Hilfe. Wer länger als zwei Wochen oder generell häufiger in den USA unterwegs ist, sollte die Anschaffung eines einfachen Geräts prüfen. Das ist oft günstiger als der Aufpreis bei einem Mietwagen.

Tempolimits in Florida

In Florida unterscheidet man zwischen Autobahnen (Interstates, I), überregionalen Bundesstraßen (US Highways, US), Staatsstraßen (State Routes, SR) und Landstraßen (County Roads, CR). Wenn eine Höchstgeschwindigkeit nicht gesondert ausgeschildert ist, beträgt diese 55 Meilen/Stunde. Autofahrer sind gut beraten, wenn sie sich akribisch an die Vorgaben halten, da sie so Bußgeldern und unangenehmen Begegnungen mit der Polizei aus dem Weg gehen.

Tempolimits in Florida

Straße	Tempolimit
Vierspurige Interstates	max. 70 mi/h
Zweispurige Überlandstraßen	55–65 mi/h
Innerorts	20–30 mi/h
Vor Schulen	20 mi/h

Verkehrsvorschriften

Das Autofahren in den USA unterscheidet sich in einigen Aspekten deutlich vom europäischen Verkehr. Das betrifft einmal das **Rechtsabbiegen**, das an roten Ampeln gestattet ist, außer wenn ein Schild dies ausdrücklich untersagt.

Außerdem gibt es viele **Kreuzungen**, bei denen an jedem Eckpunkt ein Stoppschild steht. Beim Passieren der Kreuzung wird exakt jene Reihenfolge eingehalten, in der die Autofahrer angekommen sind. Bei Unklarheiten verständigt man sich per Handzeichen. Wichtig ist weiterhin die Beachtung des strengen Überholverbots bei haltenden **Schulbussen**. Besonders genau sollten Autofahrer auch die Tempolimits bei Baustellen beachten, wo aufgrund der Anwesenheit von Arbeitern oft doppelte Bußgelder fällig werden.

Das **Überholen** ist in den USA auch rechts gestattet. Spuren für sogenannte car pools hingegen dürfen nur von Autos mit mindestens zwei Insassen benutzt werden. Der Transport von alkoholischen Getränken in der Fahrerkabine ist verboten. Als **Promillegrenze** gilt ein Wert von 0,8. Kinder unter zwölf Jahren dürfen niemals allein im Auto gelassen werden.

Verkehrsschilder

Die Beschilderung entspricht der europäischen Logik. Wichtig ist die Beachtung von Stoppschildern, wenn diese am unteren Rand mit dem Zusatz »3-way« oder »4-way« ausgestattet sind. Immer dann genießt das zuerst ankommende Fahrzeug Vorfahrt.

Tanken

Die meisten Tankstellen können ohne fremde Hilfe per **Kreditkarte** bedient werden. Oktanzahl und Art des Kraftstoffs sind an den Zapfsäulen deutlich sichtbar. Sobald die Kreditkarte verifiziert ist, muss an der Zapfsäule eine Sicherung gelöst werden, danach kann der Kraftstoff fließen. Zur Identifizierung muss neuerdings aus Sicherheitsgründen immer häufiger eine amerikanische Postleitzahl eingegeben werden. Deutsche Kreditkarten werden daher gelegentlich abgelehnt. In diesem Fall müssen Kunden an der Kasse vorab bezahlen (»full« oder für einen bestimmten Dollarbetrag).

Parken

Park- und Halteverbote sind entweder in Form von Schildern oder durch den Anstrich des Bürgersteigs markiert. Rot steht für absolutes Halteverbot, gelb oder schwarz stehen für eine Haltezone. Blau markierte Abschnitte sind Menschen mit Behinderungen vorbehalten. An weißen oder grünen Flächen gelten Haltezeiten von wenigen Minuten innerhalb der Geschäftszeiten. Die klassische Parkuhr ist mittlerweile weitgehend ausgestorben. Dafür sind Autofahrer angehalten, an **Automaten** für ein bestimmtes Zeitfenster im Voraus zu bezahlen, wobei das Nummernschild zur Identifizierung eingegeben werden muss.

Der Interstate 75 führt von Miami quer durch den Bundesstaat nach Norden

Maut

Auf einigen Straßen Floridas werden Mautgebühren fällig. Dies betrifft insbesondere den 265 Meilen langen Florida Turnpike, die I-75 zwischen Miami und Naples sowie einige Interstates im Großraum Miami (7 Ct/Meile). Während die Maut früher an Stationen eingesammelt wurde, geschieht dies heute in aller Regel elektronisch. Zur Bezahlung können Autofahrer zwischen dem **Sun Pass** (eine Einweg-Variante ist für etwa 5 $ zu haben, www.sunpass.com) oder der Einzelbezahlung auswählen. Das funktioniert über ein kleines elektronisches Gerät oder über das Fotografieren des Nummernschilds (»toll-by-plate«).

Einige Mietwagenfirmen bieten eine Pauschale von ca. 50 $/Woche an, in der sowohl das Gerät als auch die Maut enthalten sind. Für die Einzelabrechnung werden oft horrende Gebühren (9,99 $ für die Bearbeitung von 25 Ct Maut) verlangt. Andere Anbieter verzichten auf solche Abzocke. Daher ist es in jedem Fall angebracht, sich vorab gut zu informieren.

■ www.visitflorida.com (»toll roads«)

Unfall

Im Fall eines Unfalls rufen Sie die Polizei unter **911**, sichern die Unfallstelle und fotografieren die beteiligten Wagen. Verlassen Sie den Ort nur, wenn kein Personenschaden vorliegt. Sonst liegt Fahrerflucht vor und Sie müssen mit einer Anzeige rechnen.

Zentralruf der Autoversicherer

■ Auskunftsstelle/GDV (Deutsche Versicherungswirtschaft), Glockengießerwall 1, 20095 Hamburg, Tel. 08 00/250 26 00, +49/40/300 33 03 00, www.gdv-dl.de

Barrierefreies Reisen

Die USA sind in puncto Barrierefreiheit recht weit fortgeschritten. Viele Attraktionen, Hotels, Restaurants und auch einige Strände und Parks sind mit dem **Rollstuhl** zugänglich. Einige Beispiele listet Visit Florida im Internet auf.

■ www.visitflorida.com (»disabled«)

Diplomatische Vertretungen

Generalkonsulat der Bundesrepublik Deutschland

■ 100 N. Biscayne Blvd (Suite 2200), Miami, Tel. 305/358 02 90, www.miami.diplo.de, Mo–Fr 8.30–11 u. Mo–Do 13.30–15.30 Uhr

Österreichisches Konsulat Miami

■ 2445 Hollywood Blvd, Hollywood, Tel. 954/925 11 00, www.austrianconsulatemiami.com

Schweizerisches Konsulat Miami

■ 1111 Brickell Ave, Suite 2200, Coral Gables, Tel. 404/870 20 00, www.eda.admin.ch

Feiertage

An Feiertagen (»bank holidays«) sind Behörden, Banken und viele Büros geschlossen, die meisten Geschäfte jedoch sind geöffnet.

1. Januar (Neujahr), 3. Mo/Januar (Martin Luther King Day), Ostern (Karfreitag, Ostersonntag, Ostermontag), letzter Mo/Mai (Memorial Day), 4. Juli (Independence Day), 1. Mo/September (Labour Day), 2. Mo/Oktober (Columbus Day), 11. November (Veteran's Day), letzter Do/November (Thanksgiving), 25. Dezember (1. Weihnachtstag)

Geld und Währung

Wechselkurse (Stand: 02/2019)

1 $	0,89 €
10 $	8,86 €
100 $	88,62 €
1 €	1,13 $
10 €	11,28 $
100 €	112,85 $

Landeswährung ist der US-Dollar ($). Ein Dollar besteht aus 100 Cent (Ct). Münzen existieren in Einheiten als 1, 5, 10 und 25 Cent. Banknoten werden als 1-, 5-, 10-, 20-, 50- und 100-Dollarscheine ausgegeben. Der Wechselkurs schwankt zum Teil erheblich, zuletzt zwischen 1,04 und 1,40 €. Die Bezah-

Festivals und Events

Januar

Gasparilla Pirate Festival (bis März, Tampa, www.gasparillapiratefest.com) – Serie von Events zu Ehren des Piraten José Gaspar.

Februar

Edison Festival of Light (Fort Myers, www.edisonfestival.org) – Zwei Wochen lang feiert die Stadt Thomas Edison mit Konzerten, Partys und einer Wissenschaftsmesse.
Street Paint Festival (Ende Februar, Lake Worth, www.streetpaintingfestivalinc.org) – Künstler verzieren die Straßen mit Gemälden.
South Beach Wine & Food Festival (5 Tage Ende des Monats, Miami Beach, www.sobewff.org) – Hochwertiges Event rund um Essen und Trinken mit vielen Prominenten.

März

Spring Break (hauptsächlich in Panama City Beach, Daytona Beach) – In den Frühlingsferien fallen Studenten aus Nordamerika in Florida ein, um das Leben zu feiern.

April

Florida Film Festival (10 Tage, Orlando, www.floridafilmfestival.com) – Festival mit Independent-Filmen aus den USA und dem Ausland im Viertel Winter Park.

Mai

Sun Fest (4 Tage Anfang des Monats, West Palm Beach, www.sunfest.com) – Auf drei Bühnen am Wasser treten rund 50 Bands aus allen Genres auf.

Juni

Goombay Festival (4 Tage Ende des Monats, Coconut Grove, Miami, www.goombayfestivalcoconutgrove.com) – Große Feier des kulturellen Beitrags der Bahamas und anderer karibischer Einflüsse.

Juli

Hemingway Lookalike Contest (4 Tage Mitte des Monats, Key West, www.sloppyjoes.com) – Möchtegern-Hemingways konkurrieren um den Titel des besten Doppelgängers.

August

Miami Spice (bis Ende September, Großraum Miami, blog.miamispice.de) – Food Festival, bei dem teilnehmende Restaurants günstige Lunches (23 $) und Dinners (39 $) mit mehreren Gängen anbieten.

Oktober

Fantasy Fest (2. Monatshälfte, Key West, www.fantasyfest.com) – Die ohnehin leicht extravaganten Bewohner und Besucher der Insel verkleiden sich bei ausgelassenen Partys.

Dezember

Cigar Heritage Festival (3 Tage Anfang des Monats, Tampa, www.yborcitycigarfestival.com) – Event zu Ehren der edlen Rauchwaren an der alten Produktionsstätte in Ybor City.
Art Basel (4 Tage im ersten Monatsdrittel, Miami Beach, www.artbasel.com/miami-beach) – Die Messe für Gegenwartskunst hat Miami zu einer Kulturmetropole gemacht, die Partys sind legendär.

lung ist in den USA fast überall auch mit den gängigen **Kreditkarten** möglich. Diese ist zur Bezahlung von Hotelzimmern oder Mietwagen unerlässlich. Bargeld kann an **ATMs** (»Automatic Teller Machines«) sowohl mit EC-Karten (auf das Maestro-Symbol achten) als auch mit Kreditkarten abgehoben werden. Die Gebühr beträgt um die 5 €/Transaktion. ATMs sind auch in Geschäften und Tankstellen zu finden. **Banken** sind meist Mo–Fr von 9–16 Uhr geöffnet. Wechselstuben sind vornehmlich an Flughäfen und in großen Shopping Malls angesiedelt.

Kosten im Urlaub
(durchschnittliches Preisniveau)

Tasse Kaffee	3 $
Softdrink (Limonade)	2,50 $
Glas Bier (0,4 Liter)	6 $
Glas Wein (0,2 Liter)	9 $
Hauptgericht (Restaurant)	20 $
Eintritt staatl. Museum	20 $
Mietwagen/Tag	35 $

Gesundheit

Die medizinische Versorgung in Florida entspricht deutschen Standards. In der **Notaufnahme** der Krankenhäuser (Emergency Rooms) müssen alle Patienten behandelt werden. Weil die Rechnungen sofort zu begleichen sind, wird von Europäern die Vorlage einer **Kreditkarte** verlangt. Damit die Kosten zurückerstattet werden, ist der Abschluss einer **Auslandskrankenversicherung** empfehlenswert. Impfungen sind für einen Trip nach Florida nicht erforderlich. Sowohl Insekten- wie auch Sonnenschutz sind hingegen unerlässlich. **Medikamente** sind in Pharmacys oder in Drugstores erhältlich. Leichte Schmerzmittel, Nasentropfen und Ähnliches gehören jedoch auch zum Sortiment von Supermärkten. Die Filialen großer Ketten wie CVS oder Walgreens sind oft rund um die Uhr geöffnet. Die Webseite des Tourismusbüros von Miami hält eine Liste mit Krankenhäusern, Gesundheitseinrichtungen und diversen Tipps zum Thema bereit.

■ www.miamiandbeaches.de (»health care«)

Haustiere

Wer mit Hund einreisen will, muss einen **Impfpass** mitführen, der eine mindestens 30 Tage und maximal 12 Monate zurückliegende Impfung gegen Tollwut belegt. Für die Hauskatze reicht ein Beleg, dass das Tier nicht an Krankheiten leidet, die auf den Menschen übertragbar sind. In öffentlichen Einrichtungen, Restaurants und Hotels sind Haustiere nicht erwünscht, das gilt auch für Subway, Busse und Museen. Für Hunde besteht generell **Leinenpflicht.** Wenn im Hotel ein Hund erlaubt ist, muss man ihn mitnehmen, sobald man das Zimmer verlässt. Unter dog day care sind Adressen im Internet zu finden, die Hunde tagsüber kostenpflichtig in Pflege nehmen.

Informationen

Das Zeitalter der Tourismusbüros ist in Florida weitgehend vorbei. Wo Adressen mit Publikumsverkehr vorhanden sind, sind sie in diesem Buch angegeben. Ansonsten müssen sich die Urlauber mit **Onlinerecherche** auf den Webseiten der Tourismusbüros begnügen. In Hotels, Restaurants und

Attraktionen liegen nach wie vor Hunderte **Flyer**. Das Tourismusbüro Visit Florida bietet viele Informationen und Adressen zur Reisevorbereitung.

■ www.visitflorida.com

Klima und beste Reisezeit

Florida ist mit seinem **subtropischen** bis **tropischen Klima** das gesamte Jahr über ein attraktives Reiseziel. Mit Temperaturen von weit über 30 Grad ist es im Sommer überall zwischen dem Panhandle und den Keys heiß. Dabei ist es oft schwül, die meisten Regentage zählt der September. Von August bis November herrscht **Hurrikansaison**, in der man problemlos reisen kann, weil in aller Regel nichts passiert (S. 87). Allerdings sollte man die Großwetterlage im Blick behalten. **Nördlich** einer Linie von Tampa bis nach Cape Canaveral geht es von Oktober bis April ruhiger zu. Weil Nordamerikaner dann lieber den verlässlich warmen Süden aufsuchen, sind die Preise deutlich günstiger. Im **Süden** verhält es sich genau umgekehrt: Hier gilt der Sommer als Nebensaison. Wer sich dann in der Region aufhält, erlebt ein authentisches Florida. Durch den Golfstrom liegt die **Wassertemperatur** am Atlantik ganzjährig über 20 Grad, der Golf von Mexiko ist noch etwas wärmer.

Temperaturen werden in Fahrenheit (°F) angegeben.
°C = (°F – 32) / 1,8
°F = °C x 1,8 + 32

Umrechnung °C/°F

°C	0°	10°	20°	30°	40°
°F	32°	50°	68°	86°	104°

Klimatabelle Miami

Monat	Luft (°C) (min./max.)	Wasser (°C)	Sonne (h/Tag)	Regentage
Jan.	15/24	22	8	6
Feb.	16/24	23	9	5
März	18/26	24	9	5
April	20/28	25	9	5
Mai	22/29	28	9	8
Juni	24/31	30	8	10
Juli	25/32	31	8	13
Aug.	25/32	32	8	13
Sept.	24/31	30	7	15
Okt.	22/29	28	7	13
Nov.	19/27	25	8	7
Dez.	16/24	23	7	5

Maße und Gewichte

1 inch (in.)		2,54 cm
1 foot (ft.)	12 in.	30,48 cm
1 yard (yd.)	3 ft.	91,44 cm
1 mile (mi.)	1760 yd.	1,609 km
1 fluid ounce (fl.oz.)		29,57 ml
1 pint (pt.)	16 fl.oz.	0,47 l
1 quart (qt.)	2 pt.	0,95 l
1 gallon (gal.)	4 qt.	3,79 l
1 ounce (oz.)		28,35 g
1 pound (lb.)	16 oz.	453,59 g

Medien

Wer lieber mit einer Tageszeitung als mit dem Tablet am Strand liegt, muss keine Einschränkungen befürchten: **Print-Medien** erscheinen in allen Städten und Regionen. Die größten Auflagen haben die »Tampa Bay

Angeln von den Piers der Küstenorte aus ist ein beliebter Sport

Times« und der »Miami Herald«. Für aktuelle Themen und Termine eignet sich im Großraum Miami außerdem die kostenlos ausliegende »Miami New Times«.

Nachtleben

Das Nachtleben gestaltet sich sehr unterschiedlich. Miami Beach und Key West schlafen praktisch nie: Hier sind die Clubs und Bars bis tief in die Nacht geöffnet. An den meisten anderen Orten beschränken sich die langen Nächte außerhalb der Hochsaison oft aufs Wochenende, wenn es vor allem in Ybor City (Tampa) hoch hergeht. In manchen Etablissements darf noch geraucht werden. Aufgrund des Mindestalters für den Alkoholkonsum haben Personen unter 21 Jahren grundsätzlich keinen Einlass.

Notfall

Wählen Sie im Notfall die Nummer 911. Anschließend werden Sie je nach Bedarf mit Polizei, Krankenwagen oder Feuerwehr verbunden. **ADAC-Mitglieder** können sich in Notfällen auch rund um die Uhr an den Auslandsnotruf des ADAC unter Tel. +49/89/22 22 22 wenden. Bei Bedarf werden Dolmetscher vermittelt.

Öffnungszeiten

Die Öffnungszeiten der Geschäfte liegen ganz im Ermessen der Betreiber. In **Einkaufszentren** ist das oft von 10–21 (Mo–Sa) sowie 11–18 Uhr (So). **Supermärkte** und **Drug Stores** sehen nicht selten ganz davon ab, ihre Pforten zu schließen. Generell gilt: Wo viel Publikum ist, sind die Läden fast immer bis spät am Abend geöffnet.

Post

US Postal Service unterhält an vielen Orten Filialen (werktags 8–17, Sa 10–13 Uhr). Das Porto für eine Postkarte nach Europa beläuft sich aktuell auf 1,15 $.

■ USPS, www.usps.com

Rauchen und Alkohol

In allen öffentlichen Gebäuden sowie in Restaurants ist das **Rauchen** generell verboten. Auch in Parks und an einigen Stränden ist es nicht gestattet. Ein vollständiges Rauchverbot allerdings existiert nicht: In bestimmten Bars oder Clubs ist das Rauchen selbst in den Innenräumen noch erlaubt, dies gilt auch für sogenannte cigar lounges. **Alkohol** wird in den USA erst ab 21 Jahren ausgeschenkt. Beim Verkauf von Rauchwaren und Alkohol wird auch bei Personen in sichtbar höherem Alter das Vorzeigen des **Ausweises** verlangt.

Sicherheit

Florida ist grundsätzlich eine sichere Reiseregion. Allerdings gilt es einige Regeln zu beachten. Vor allem in den **Großstädten** Miami, Tampa, Orlando, St. Petersburg, Jacksonville und West Palm Beach gibt es Gegenden, in denen man nachts auf keinen Fall zu Fuß unterwegs sein sollte. Dies ist abseits belebter Innenstädte oder Strandboulevards in den gesamten USA unüblich und kann als solches bereits den Verdacht von Polizeibeamten auslösen. Als sicherer Indikator für eine schlechte Gegend mit potenziell erhöhter Kriminalitätsrate darf außerdem gelten, wenn sich Gitterstäbe vor den Fenstern befinden. Im Falle eines Konflikts ist man gut beraten, die Sache nicht eskalieren zu lassen und das Weite zu suchen, da der **Einsatz von Schusswaffen** in den USA bis heute weit verbreitet ist.

Sport

Angeln

Angeln ist in den USA ein beliebter Sport und Florida bezeichnet sich selbst als »sport fishing capital of the world«. Vom **Hochsee-** bis zum **Süßwasserangeln** in abgelegenen Regionen sind alle Varianten gleichermaßen populär. Besucher über 16 Jahre benötigen eine »fishing licence«, die es im Walmart und in den meisten Angelgeschäften gibt.

■ Florida Fish and Wildlife Conservation Commission, www.myfwc.com

Golf

Golfspieler können in Florida aus mehr als **1500 Plätzen** aller Größenordnungen wählen. Damit ist der Sunshine State Spitzenreiter unter allen amerikanischen Bundesstaaten. Zu den beliebtesten Destinationen gehören Fort Lauderdale, Palm Beach, Naples, Sanibel Island, Fort Myers, Tampa, Orlando und Miami. Die **Greenfees** variieren stark, sind aber mit Preisen um die 50 $ oft deutlich günstiger als in Europa. Passionierte Golfer können sich zudem die World Golf Hall of Fame (www.worldgolfhalloffame.org) bei St. Augustine ansehen. Zur Anlage gehören sechs Plätze, für den Entwurf von zwei Anlagen zeichnen die Spielerlegenden Jack Nicklaus und Arnold Palmer verantwortlich.

Kajak

Florida ist ein wunderbares Revier für Kajakfahrer. Sowohl die Mangrovenlandschaften an den **Küsten** und **Inseln** als auch die vielen **Binnengewässer** eignen sich vorzüglich zur Ausübung dieses Sports. Das Equipment kann vielerorts unkompliziert ausgeliehen werden, geführte Touren gehören fast immer zum Angebot. Geübten Paddlern stehen meilenlange Strecken zur Verfügung.

■ paddleflorida.net

Radfahren

Abgesehen von den Strandorten und einigen Inseln war Radfahren in den meisten Gegenden Floridas bis vor Kurzem nicht wirklich ein Vergnügen, da der Autoverkehr zu dominant ist. Dies aber hat sich grundlegend geändert, seit im großen Stile **stillgelegte Eisenbahnstrecken** zu Radwegen umgewandelt werden (S.129). Wo der Tritt in die Pedale Spaß macht, sind auch Verleihangebote nicht weit.

- www.bikeleague.org

Surfen

Aufgrund einer meist schwachen Brandung sind das Wellenreiten und die damit einhergehende Surfer-Kultur in Florida nicht so weit verbreitet wie in Kalifornien oder auf Hawaii. Eine prominente Ausnahme bildet die sogenannte **Space Coast**: Zwischen Daytona und Cocoa Beach sind die Wellen gut und die Surfer zahlreich. Letztgenannter Ort ist die Heimat von Ron Jon's Surf Shop (S. 148) mit Strand- und Sportbedarf aller Art, der niemals schließt.

Tauchen

Florida beherbergt einige fantastische Tauchreviere. So erstreckt sich das größte Korallenriff Nordamerikas von Key West bis zum Biscayne National Park. Key Largo gilt als absoluter Taucher-Hotspot. Im Golf von Mexiko locken derweil zahlreiche Schiffswracks zur Erkundung der Unterwasserwelten. Als guter Ausgangspunkt unter Tauchern gilt Panama City Beach. Nicht zu unterschätzen ist zudem die Attraktivität der rund 700 Quellen, die allesamt für glasklares Wasser bürgen und von denen viele über eigene Höhlensysteme verfügen. Wer in diesen Revieren unterwegs ist, benötigt einen Tauchschein.

- www.fla-keys.com/diving

Strom und Steckdose

Die amerikanischen Stromanschlüsse sind auf 110–120 Volt ausgelegt. Mindestens zwei **Adapter** pro Person sind empfehlenswert.

Telefon und Internet

Im Zeitalter der Smartphones ist die transatlantische Kommunikation ein Leichtes. Alle gängigen **Mobiltelefone** sind mit entsprechenden SIM-Karten auch in den USA einsetzbar. Die Kosten für Telefonate von oder nach Europa übermittelt der Anbieter in der Regel per SMS aufs Gerät, sobald dieses erstmals auf fremdem Boden eingeschaltet ist. Günstiger kann es sein, für die Dauer des Aufenthalts eine **Prepaid-Karte** zu erwerben. Amerikanische Rufnummern bestehen aus sieben Ziffern und einer dreistelligen Vorwahl. Die Nummern funktionieren neuerdings auch mit europäischen Smartphones, ohne dass die lange Zeit obligatorische 1 davor gewählt werden muss.

Alle Hotels und Ferienunterkünfte in Florida sind mit Internetanschlüssen ausgestattet, die meisten verfügen über **WLAN** (Wifi). Für Gäste ist das in aller Regel kostenlos, nur wenige Hotelketten kassieren für diese Leistung ab (bei der Buchung darauf achten). Die meisten Restaurants, Attraktionen und Themenparks bieten ebenfalls kostenloses WLAN an – im Zweifelsfall fragen Sie einfach nach dem Passwort. Praktisch, aber nach wie vor kostspielig sind mobile Datendienste über den Smartphone-Anbieter. Ein marktüblicher Tarif sind 15 € für 150 MB. Achten Sie daher unbedingt darauf, die Roaming-Funktion generell ab- und nur im Bedarfsfall einzuschalten.

Internationale Vorwahlen

- USA 001
- Deutschland 011 49
- Österreich 011 43
- Schweiz 011 41

Trinkgeld

Die Angestellten von Gastronomie, Hotellerie und Tourismusindustrie werden oft nur mit dem gesetzlich vorgeschriebenen Mindestlohn bezahlt. Ihr wahres Auskommen verdienen sie mit den Trinkgeldern. Auch wenn das für Europäer schwer zu akzeptieren sein mag, belaufen sich diese in Restaurants gegenwärtig standardmäßig auf mindestens 15 % der Rechnung. Wer seine Zufriedenheit angemessen zum Ausdruck bringen möchte, legt stattdessen 20 % auf den ausgewiesenen Betrag drauf. Um den Kunden das Kopfrechnen zu ersparen, drucken viele Restaurants heute ganz forsch drei mögliche Summen (15, 18 u. 20 %) auf dem Beleg aus. Auch Tour-Guides erwarten einige Dollar Trinkgeld. Und Zimmermädchen, Kofferträger und die Bediensteten von »valet parkings« freuen sich immer über Dollarnoten.

Umgangsformen

Amerikaner sind grundsätzlich sehr offen und freundlich. Deutschsprachige werden gern mit Anekdoten über Ahnen, eigene Reisen oder einem Kurzgespräch über die Vorzüge der Autobahn begrüßt. Die allgemeine Lockerheit überträgt sich auch auf den Dresscode: Legere Kleidung ist angesagt, gleichwohl gehören in Restaurants »shoes and shirt« zum guten Ton. Das Baden ohne Kleidung (auch ohne Oberteil) ist verpönt und bis auf wenige Ausnahmen im Großraum Miami nicht gestattet. Wer in den USA nicht anecken möchte, ist außerdem gut beraten, auf leidenschaftliche Diskussionen über Parteipolitik zu verzichten.

Unterkunft und Hotels

Camping

Wer gern campen geht, kommt in Florida allein schon deshalb voll auf seine Kosten, weil die mehr als 160 **State Parks** fast durch die Bank über schöne Zeltplätze verfügen. Auch die Anlagen des kommerziellen Marktführers KOA sind gut gepflegt und mit allen Annehmlichkeiten ausgestattet. Die Webseite von Visit Florida informiert ausführlich zu dem Thema, insgesamt gibt es über **700 Zeltplätze**.

■ www.floridastateparks.org (»Camping«), www.koa.com/states-provinces/florida, www.visitflorida.com/de (»Camping in Florida«)

Ferienwohnungen

Ferienwohnungen von kommerziellen Anbietern und privat vermietete Domizile sind in allen Preisklassen verfügbar (ab ca. 40 $/Nacht). In besonders touristischen Regionen wie den Keys ist die Vermietung privater Wohnungen mit starken Einschränkungen verbunden, damit das Leben vor Ort nicht großspurig vom Tourismus beeinflusst wird. Wundern Sie sich also nicht, wenn Ihnen auf Key West höchstens Boote zum Übernachten angeboten werden.

■ Deutschsprachige Webseiten: www.wimdu.de, www.fewo-direkt.de, www.airbnb.de

Hotels und B&B

Die Zahl der **Hotelzimmer** beläuft sich auf mehr als 370 000 in allen Preiskategorien. Grundsätzlich werden die Häuser nach dem gängigen System mit einem bis zu fünf Sternen bewertet. Dies sagt aber wenig über die tatsächliche Qualität, Ausstattung,

Sauberkeit und somit über den Preis aus. Auch ein Zweisternehotel kann hochpreisig und erstklassig sein – im Zweifelsfall fehlen dann Annehmlichkeiten wie ein Pool oder ein Wellness-Bereich. Die allermeisten Hotelzimmer verfügen über einen Kühlschrank, dessen Lautstärke Europäer irritieren kann, zumal das Gerät außer in Fünfsternehotels leer ist und der Kühlung selbst mitgebrachter Getränke und Speisen dient. Besonders in hochklassigen Häusern wird eine »resort fee« auf den Preis aufgeschlagen, die mit 30–50 $/Nacht zu Buche schlägt. Die Gebühr beinhaltet Parken, Internet, Pool-Handtücher und andere schwer verzichtbare Kleinigkeiten. Preiswert und vor allem für einen Road Trip zweckmäßig sind gemeinhin die an den Ausfallstraßen und Autobahnabfahrten gelegenen **Motels**, die dem »american road trip feeling« unter Umständen sehr entgegenkommen.
Eine Besonderheit sind die **B&B**. Diese sind klein, intim und von freundlichen Eigentümern geführt. Der Amerikaner aber verknüpft mit dem Begriff die Erwartungshaltung einer viktorianischen Villa mit entsprechender Einrichtung, weshalb die Häuser oft eine etwas plüschige bis altmodische Anmutung haben.

■ www.florida-inns.com, www.visitflorida.com

Hostels

Die preiswerte Alternative zu Hotels wird in Florida als Hostel bezeichnet. In den meisten Etablissements werden sowohl die Zimmer wie auch die öffentlichen Einrichtungen mit unkomplizierten Reisenden geteilt.

■ www.hostelz.com, www.german.hostelworld.com, ab 15 $/Nacht

Verkehrsmittel in der Region

Bus und Bahn

Urlaub mit Bus und Bahn ist theoretisch möglich, aber nicht unbedingt ein Vergnügen. Die Züge des Eisenbahnverbunds **Amtrak** (www.amtrak.com) verbinden Miami, Palm Beach, Orlando und Jacksonville zweimal täglich mit New York City (Tickets ab 65 $). Darüber hinaus verkehren seit 2018 die als Hochgeschwindigkeitszüge ausgelegten Dieseltriebwagen von **Brightline** (www.gobrightline.com) zwischen Miami und Palm Beach (mit Zwischenhalt in Fort Lauderdale). Schon bald sollen Orlando und Tampa an das Netz angeschlossen werden. Trotz dieser Anstrengungen ist es aber verfrüht, von einem Revival der Bahn zu sprechen. Ein Dauerbrenner sind unterdessen die **Greyhound-Busse** (www.greyhound.com), die als zuverlässig und preiswert gelten. Fast alle größeren Städte Floridas sind Teil des Streckennetzes. Wer die Art des Reisens mag, kommt binnen 20 Stunden für ungefähr 110 $ von Pensacola nach Key West.

Fähren

Da alle wichtigen Inseln mit Brücken ans Festland angeschlossen sind, kommen Autofahrer im Prinzip ohne die Dienste von Fähren aus. Interessant für Urlauber aber können die Fährdienste von Naples, Marco Island und Fort Myers nach Key West (www.keywestexpress.net) oder von Fort Lauderdale nach Freeport auf den Bahamas sein (www.baleariacaribbean.com).

Flugzeug

Die Distanz von Key West bis nach Jacksonville beträgt über 800 km. Bei solchen Entfernungen versteht es sich von selbst, dass das Flugzeug auch innerhalb Floridas als Verkehrsmittel in Frage kommt. Wichtige Airports für Flüge nach Florida und den Weiterflug sind Miami (MIA), Orlando (MCO), Tampa (TPA), Jacksonville (JAX), Fort Lauderdale (FLL), Fort Myers (RSW), Panama City Beach (ECP) und Key West (ESW). Flüge buchen Sie am besten über die Webseite der Fluggesellschaften. Für Gabelflüge von und nach Deutschland konsultieren Sie vorzugsweise ein Reisebüro.

Mietwagen

Für einen entspannten Urlaub ist der Mietwagen im Prinzip unerlässlich. Nur wer seinen Aufenthalt auf Miami Beach oder Key West beschränkt, kommt auch bequem ohne aus. Die Preise beginnen bei rund 200 €/Woche für Kleinwagen. Cabrios, SUVs oder Kleinbusse werden mit bis zu 1000 €/Woche veranschlagt. Generell gilt es zu beachten, dass die amerikanischen Autovermieter wegen ihrer geringen Gewinnmargen mit allen Mitteln zusätzliches Geld zu erwirtschaften versuchen. Dies beginnt bei Zusatzversicherungen und Navigationsgeräten und endet neuerdings bei Mautpauschalen. Prüfen Sie am besten vorab sorgfältig, ob und in welchem Umfang Sie zusätzliche Dienste in Anspruch nehmen möchten. Die Mietwagen werden in der Regel am Flughafen in Empfang genommen. Wer nur tageweise mieten möchte, findet auch in den Städten zahlreiche Stationen.

Für Mitglieder bietet die **ADAC Autovermietung** günstige Konditionen an.

■ Buchung in allen ADAC Geschäftsstellen, Tel. 089/76 76 20 99, www.adac.de/autovermietung

Zeitverschiebung

In Florida gilt die **Eastern Standard Time**. Die Zeitverschiebung zu Deutschland, Österreich und der Schweiz beträgt allgemein sechs Stunden. Nur im Panhandle westlich von Panama City Beach gilt die **Central Time**, hier beläuft sich die Zeitverschiebung auf sieben Stunden. Die Sommerzeit (»daylight saving time«) beginnt und endet in den USA oft zwei Wochen vorher bzw. später als in Europa. Immer dann beträgt die Differenz nur fünf Stunden.

Zollbestimmungen

Die Einfuhr von bestimmten Lebensmitteln (z.B. Fleisch, Wurst, Obst und Gemüse) **in die USA** ist strikt verboten. Reisende über 21 Jahren dürfen einen Liter Alkohol, 200 Zigaretten/50 Zigarren oder 2 kg Tabak einführen. Wer **aus den USA** nach Deutschland oder Österreich reist, darf Waren im Wert von 430 € (Jugendliche 175 €) abgabenfrei mit nach Hause nehmen. Für Schweizer liegt das Limit bei 300 CHF. Die Waren müssen für den privaten Gebrauch sein. Tabakwaren und Alkohol fallen nicht unter diese Wertgrenze und bleiben in bestimmten Mengen abgabenfrei. Die Mitnahme von Muscheln, ausgestopften Tieren oder aus Tieren hergestellten Produkten ist zum Teil nur unter strengen Auflagen erlaubt. **Artengeschützte Exemplare** benötigen für die Zollabfertigung grundsätzlich artenschutzrechtliche Genehmigungen. Dies gilt für die Einfuhr in die EU ebenso wie für die Ausfuhr aus den USA (https://bit.ly/2JoAwYJ).

■ www.zoll.de, www.bmf.gv.at/zoll, www.zoll.ch

Die Geschichte Floridas

10 000 v. Chr. Sogenannte Paläo-Indianer gelangen nach Florida, nachdem sie vermutlich zuvor über Sibirien nach Nordamerika gekommen sind.

1513 Der spanische Konquistador Ponce de León entdeckt Florida. Er hält das Land irrtümlich für eine Insel und erklärt es zu spanischem Besitz.

1565 Der spanische Admiral Pedro Menéndez de Avilés gründet mit San Agustín (heute St. Augustine) die erste europäische Siedlung von dauerhaftem Bestand.

1763 Florida wird durch den Pariser Frieden Großbritannien zugesprochen. Nach der Niederlage der Briten im amerikanischen Unabhängigkeitskrieg fällt Florida an Spanien zurück.

1817 General Andrew Jackson beginnt einen Kampf gegen die Ureinwohner Floridas, die Seminolen, nachdem diese aus Georgia geflüchtete Sklaven aufgenommen hatten.

1822 Spanien gibt Florida gegen Bargeld an die USA ab. Ein Jahr später wird Tallahassee auf Kosten von St. Augustine zur Hauptstadt erklärt.

1837–1858 Die Seminolen widersetzen sich dem sogenannten Indian Removal Act, der ihre Deportation in den Westen der USA vorsieht. Tausende Menschen sterben. Wenigen Hundert Seminolen gelingt es, in den Everglades zu überleben.

1947 Präsident Truman verbringt Teile seiner Amtszeit auf Key West. Auch sorgt er dafür, dass die Everglades den Status eines Nationalparks erhalten.

1959 Hunderttausend Kubaner fliehen nach der Machtübernahme Fidel Castros aus ihrer Heimat nach Südflorida.

1969 Die Raketenbasis in Cape Canaveral ist Ausgangspunkt der ersten bemannten Reise zum Mond.

1971 In Orlando wird die Eröffnung von Disney World zur Initialzündung einer neuen Form des Tourismus, die den Bau unzähliger Themenparks zur Folge hat.

1984 Durch den Erfolg der Krimiserie »Miami Vice« rücken Miami, Miami Beach und der Lifestyle Floridas verstärkt ins allgemeine Bewusstsein.

2000 Der Ausgang der Präsidentschaftswahlen zwischen George W. Bush und Al Gore wird in Florida bestimmt.

2014 Der Hafen von Miami wird durch einen Tunnel an das Autobahnnetz angeschlossen, was in der City für eine erhebliche Entlastung sorgt.

2017 Hurrikan Irma sorgt für Zerstörungen im zweistelligen Milliardenbereich. Betroffen sind vor allem die mittleren Keys und die Golfküste bei Naples und Fort Myers.

2018 Bei den Midterm-Wahlen setzen sich knapp die Republikaner durch.

Die glorreichen Astronauten der Apollo 11 in Cape Canaveral beim Walk of Fame

Englisch für die Reise

Das Wichtigste in Kürze

Ja/Nein	*Yes/No*
Bitte/Danke	*Please/Thank you*
Hallo!/Auf Wiedersehen!	*Hello!/Good bye!*
Guten Tag!	*Good morning!/ Good afternoon!*
Guten Abend!/ Gute Nacht!	*Good evening!/ Good night!*
Mein Name ist …	*My name is …*
Entschuldigung!	*Excuse me!*
Achtung!/Vorsicht!	*Attention!/Caution!*
Ich verstehe Sie nicht.	*I don't understand you.*
Wie viel kostet …?	*How much is …?*
Wo sind die Toiletten?	*Where is the lavatory?*
Damen/Herren	*Ladies/Gentlemen*
geöffnet/geschlossen	*open/closed*
gestern/heute/ morgen	*yesterday/today/ tomorrow*
Wie viel Uhr ist es?	*What time is it?*
Wo ist …?	*Where is …?*
Wie weit ist …?	*How far is …?*
Ist das der Weg nach …?	*Is this the way to …?*
geradeaus/links/ rechts/zurück	*straight on/left/ right/back*
nah/weit	*near/far*
Nord/Süd/ West/Ost	*north/south/ west/east*
Ich möchte …	*I would like …*
Hotel/Unterkunft	*hotel/accommodation*
Gepäck	*luggage*
Frühstück	*breakfast*
Mittagessen	*lunch*
Abendessen	*dinner*
Die Rechnung, bitte!	*The bill, please!*
Restaurant	*restaurant*
Auto	*car*
Parkplatz	*car park/parking space*
Tankstelle	*petrol station*
Benzin/Super/Diesel/ Autogas (LPG)	*petrol/unleaded/diesel/ liquid petroleum gas*
Panne	*breakdown*
Hilfe!	*Help!*
Fahrrad	*bicycle*
Hauptbahnhof	*main station*
Bushaltestelle	*bus stop*
Flughafen	*airport*
U-Bahn-Station	*subway station*
Zug	*train*
Schiff/Fähre	*ship/ferry*
Pass/Personalausweis	*passport/ID card*
Bank/Geldautomat	*bank/cashpoint (ATM)*
Polizeistation	*police station*
Arzt	*doctor*
Apotheke	*pharmacy*
Lebensmittelgeschäft	*food store*
Tourismusbüro	*tourist office*
Botschaft	*embassy*

Wochentage

Montag/Dienstag	*Monday/Tuesday*
Mittwoch	*Wednesday*
Donnerstag	*Thursday*
Freitag/Samstag	*Friday/Saturday*
Sonntag	*Sunday*

Monate

Januar/Februar	*January/February*
März/April	*March/April*
Mai/Juni	*May/June*
Juli/August	*July/August*
September	*September*
Oktober	*October*
November	*November*
Dezember	*December*

Zahlen

1	*one*	8	*eight*
2	*two*	9	*nine*
3	*three*	10	*ten*
4	*four*	11	*eleven*
5	*five*	12	*twelve*
6	*six*	100	*a (one) hundred*
7	*seven*	1000	*a (one) thousand*

Register

Bildnachweis

Titel: Waldorf Towers Hotel am Ocean Drive in Miami Beach
Foto: **Bildagentur Huber** (Susanne Kremer)

Bildagentur Huber: Susanne Kremer 3.2, 9, 12/13, 14/15, 26, 39, 44, 47, 61.2, 103; Pietro Canali 19; Carlo Irek 56; R. Schmid 114; Richard Taylor 151, 159.1, 166 – Corbis: Franz Marc Frei 108 – **Getty Images:** National Geographic Magazines Klappe 1 (oben), 60.2; Juanmonino 24; AWL Images RM 58/59; EyeEm 62.2; Lonely Planet Images 42, 137 – **imago stock & people:** 184 – **Jahreszeiten Verlag:** Gregor Lengler, 4, 7.1, 8.2, 10/11, 62.1, 62.3, 63.2, 74, 77, 91.2, 107.1, 107.3, 118, 123.2, 123.3, 127, 139.1, 144, 159.3, 162, 178 – **laif:** Dietmar Denger 63.1; Jörg Modrow 72, 80 – **look-foto:** Reinhard Dirscherl 8.1; age fotostock 8.3, 124, 139.2, 149 – **mauritius images:** age 7.2, 65.2, 78; Alamy/ALLAN HUGHES 18; Alamy/Yvette Cardozo 22; Alamy/RSBPhoto1 29; Alamy/RosalreneBetancourt 27, 35, 52; stephen searle 36; Science Source/NASA 48; Alamy/Helen Nicholson 51; age footstock/Walter Bibikow 60.1, 84; Danita Delimont/Chuck Haney 61.1; Education & Exploration 2/Alamy 71; Masterfile RM/Brian Sytnyk 91.1; Purcell Team/Alamy 105; Schwabel/Alamy 86; Ian Dagnall/Alamy 130/131; age fotostock/David Davis 147; Dominic Romer/Alamy 154; JeffG/Alamy 192 – **Picture Alliance:** AP Photo 94 – **Seasons Agency:** Jalag/Gregor Lengler Klappe 1 (unten), 75; Jalag/Matthias Neubauer 79 – **Shutterstock:** s4svisuals 2, 40; Olga V Kulakova 3.1, 23; AS Food studio 3.3, 25; Mia2You 6/7, 20; Alexander Demyanenko 11; JohannesS 21; hbpictures 28; fotomak 30, 37; littlenySTOCK 33; travelview 34; EQRoy 38; photravel_ru 41; Chuck Wagner 43; Ingo70 45.1; Michael715 45.2; Willowtreehouse 46; VIAVAL 50; Allard One 54; Cary Leppert 55; Jillian Cain Photography 57; Ovidiu Hrubaru 61.3, 111; Luis Marquez 63.3; Sean Pavone 65.1; Just dance 66/67; Shackleford Photography 83; Jon Bilous 86, 116; Benny Marty 91.3; pisaphotography 96; ESB Professional 16/17, 123.1, 126; Chongbum Thomas Park 159.2; marchello74 173 – **Stock Adobe:** Jorg Hackemann 32; Irina Schmidt 92; katy_89 98/99; Stefano Garau 107.2; Peter 134; lungamarina 140/141; Ruth P. Peterkin 160, 165

Herausgeber: GRÄFE UND UNZER VERLAG GmbH, Postfach 86 03 66, 81630 München
Leitender Redakteur: Benjamin Happel
Autor: Ralf Johnen
Verlagsredaktion: Nadia Terbrack (verantw.), Larissa Köpp, Silke Tauscher, Gernot Schnedlitz
Redaktion: Dr. Barbara Münch-Kienast, Andechs
Satz: Mediendesign Anne Tegler, Berlin
Bildredaktion: Dr. Nafsika Mylona
Schlusskorrektur: Dr. Maria Ponholzer
Reihengestaltung: Independent Medien Design, Horst Moser, München; Eva Stadler, München
Kartografie: Kunth Verlag GmbH & Co. KG, München
Herstellung: Mendy Willerich
Druck + Bindung: Drukarnia Dimograf Sp z o.o. (Polen)

Ansprechpartner für den Anzeigenverkauf:
KV Kommunalverlag GmbH & Co. KG, MediaCenter München,
Tel. 089/928 09 60

GRÄFE UND UNZER

Ein Unternehmen der
GANSKE VERLAGSGRUPPE

ISBN 978-3-95689-472-5
1. Auflage 2019

© 2019 GRÄFE UND UNZER VERLAG GmbH, München
ADAC Reiseführer Markenlizenz der ADAC Medien und Reise GmbH, München

LESERSERVICE
adac@graefe-und-unzer.de
Tel. 00800/72 37 33 33 (gebührenfrei in D, A, CH)
Mo–Do: 9–17 Uhr, Fr: 9–16 Uhr

Das Werk einschließlich aller seiner Teile ist urheberrechtlich geschützt. Jede Verwendung ohne Zustimmung von Gräfe und Unzer ist unzulässig und strafbar. Das gilt insbesondere für Vervielfältigungen, Übersetzungen, Mikroverfilmungen und die Verarbeitung in elektronischen Systemen.
Die Daten und Fakten für dieses Werk wurden mit äußerster Sorgfalt recherchiert und geprüft. Wir weisen jedoch darauf hin, dass diese Angaben häufig Veränderungen unterworfen sind und inhaltliche Fehler oder Auslassungen nicht völlig auszuschließen sind. Für eventuelle Fehler oder Auslassungen können Gräfe und Unzer, die ADAC Medien und Reise GmbH sowie deren Mitarbeiter und die Autoren keinerlei Verpflichtung und Haftung übernehmen.

Bei Interesse an maßgeschneiderten B2B-Produkten:
gabriella.hoffmann@graefe-und-unzer.de

Gut informiert.

Besser reisen.

Lust auf einen Kurztrip? Die kompakten ADAC Reiseführer sind die perfekten Reisebegleiter für eine spontane Auszeit.

- **Kompetent**: zuverlässige Informationen und bewährte ADAC Tipps
- **Praktisch:** mit dem ADAC Quickfinder direkt zu den Highlights
- **Übersichtlich:** kinderleichte Orientierung dank klarer Symbolik

Unschlagbar gut.
Unschlagbar günstig.

Überall, wo es Bücher gibt, und beim ADAC.
adac.de/shop

ADAC

Unterwegs in Florida

Overseas Highway

Der Unternehmer und Erdölmagnat Henry Flagler hatte die kühne Vision, Key West über 40 Inseln und 182 km mit dem Festland zu verbinden. Was als Eisenbahnlinie nach einem Hurrikan zusammenbrach, ist heute mit dem Overseas Highway (S. 93) und der Seven Mile Bridge (S. 95) eine der faszinierendsten Straßen der Welt.

Shuttle-Busse

Die USA sind das Land des Automobils. In vielen Feriengebieten aber können sich Urlauber heute auf Shuttle-Busse verlassen. Die teuren Parkgebühren in Miami Beach und anderen Orten entfallen so, die Shuttle-Dienste sind entweder gratis oder sehr günstig.

■ Details auf S. 82

Brücken

Wo sich vor der Küste Tausende von Inseln aus dem Meer erheben, sind Brücken nicht fern. Viele Verbindungen sind architektonisch spektakulär – schauen Sie trotz verlockender Aussichten auf die Straße. Für einige Passagen müssen Autofahrer Mautgebühren zahlen.

Fähren

Weil fast alle wichtigen Inseln Floridas über Brücken ans Festland angeschlossen sind, nehmen Fähren nur eine Nebenrolle ein. Dabei handelt es sich allerdings um eine sehr schöne: Passagiere können sowohl aus Fort Myers als auch aus Naples per Fähre nach Key West reisen – ganz ohne Stau. Die Fahrt von Fort Myers dauert etwa 3,5 Stunden.

■ www.keywestexpress.net